誰も教えてくれなかった

縁切りの知恵

温故知新 古代〜江戸の秘法

川副秀樹＋近藤隆己

言視舎

はじめに――

新型コロナウイルスのせいで、なかなか人に会えなくなりました。最初は電話やメールで連絡していたのに、それもだんだん億劫になり、いつのまにか、ずいぶんご無沙汰してしまってはいませんか。そして、それでもいいか……と思っていませんか。そう、これはあなたのふだんの付き合い方を見直すチャンスでもあるのです。

私たちの社会生活は多くの人との「縁」でつながっています。「良縁に恵まれて……」とか「袖すり合うも多生の縁」「縁は異なもの味なもの」と、よい「ご縁」ばかりならうれしいのですが、なかには「悪縁」というしかないような困った縁もあります。時には面倒に感じる「地縁」「血縁」や「会社関係」「友人関係」の縁なども……。悪い縁、いやな縁なら切ってしまえばいいのですが、社会生活上、そう簡単にはいきません。「離婚」や「親子の縁を切る」など、場合によっては「一大決心」が必要になる「縁切り」もあります。決心だけでなく、その後どうすればいいのか、その青写真（未来図）なしに一時の感情に圧《お》されて刃をふるってしまったら、人生暗転……という危険もあります。

どうしたら、うまく縁切りできるか……この本では「これなら切れる。切っても大丈夫！」という縁切り法を示し、そのために必要な社会的・法的なバックアップを問答形式で説明しています。

さらに、温故知新……昔の人がこの問題について授けてくれたさまざまな知恵。縁切り術や、再出発を応援してくれる神さま、全国の縁切り神社まで載《の》っていて、いくつかは、きっとあなたのお役に立つことでしょう。あるいは、記事をヒントにあなたなりの上手な解決法を見つけだすことが出来ると思います。

縁切りは「終わり」ではありません。おだやかにフェードアウトさせるにしても、「えいやっ！」と切るにしても、それは、あなたの「人生の再スタート」なのです。さあ、さっぱりとして明るい未来に向かって歩き出しましょう！

北斎漫画より

◉目次

温故知新

★☆☆☆☆☆☆☆☆☆ 縁切りの技術1 ― 年賀状、お中元・お歳暮など

ケース① 年賀状をやめたい

最近、年末になると少し憂鬱です。

ただでさえ何かと忙しい時期なのに、「ああ、そろそろ年賀状を用意しなければ」と考えると嫌になってくるのです。

毎年、いろんな方から写真入り年賀状をいただくのは楽しいと感じますが、最近は「フェイスブックで同じ写真を見たぞ」とか「結婚したのは、もうＬＩＮＥグループで教えてもらったよ」という場合が多いです。

以前はウチも写真入り年賀状を作り、それぞれに手書きメッセージを添えて送っていました。

しかし近年は一年分の写真からベストの一枚を選ぶのが面倒になって、イラスト入りの

ものを買い、さらにメッセージを書くのも億劫になり、ついにただ挨拶文と住所氏名が印刷されただけのものとなってしまいました。

「こんなのもらっても……面白くないだろうな」と思います。

もう年賀状をやめてしまいたいのですが、どうするのが「ちょうどいい」でしょうか。せめて大幅に数を減らせないものでしょうか。

ケース② お中元・お歳暮など

子どもが生まれたのを期に、きちんと親戚付き合いもしなければ……と始めたお中元・お歳暮ですが、子どもも独立し、そろそろ億劫になってきました。

相手が喜ぶものに悩んで、とりあえずお店に行ってみても、やっぱり決まらない。地元の特産品で日持ちがして食べられるもの……と悩んだあげく、結局毎年同じようなものを贈っていて、そろそろ飽きられていると思います。

恒例とはいえ家計的にもしんどいですし、先方も「もう送ってこなくていい」と感じているように思えるのです。

しかしやめるタイミングも見つかりません。どうすればいいでしょうか。

お答え

まず①年賀状についてのお悩みから。

すべてやめてしまうなら、簡単です。「まことに勝手ではございますが」「高齢となり」「公私に忙しくなり」などと断って「年賀状は今年限りにさせていただきます」と宣言してしまえば、翌年からは書かなくていいのです。それでも届いた年賀状のなかに、「この方は大事」という人がいれば、寒中見舞いを書きましょう。

でも、そこまで決心がつかなくて、やめられないまま、「来年は早めに片付けよう」と思いつつ、結局いつも年末ギリギリにあわてて準備したりしていますよね。

さらには「この人とはもう、年賀状以外には何年もやりとりしていないな。今後もしないんじゃないかな？」なんて、毎年同じことを考えたり……。

どうすれば、もうすこしラクになるのか。ここはひとつ段階別に対策しましょう。

まずは、新年に受け取った年賀状をおおまかに分けます。これまで通り、年賀状のやりとりをしたい人は、それでよし。

この時点で「こちらから送っただけで、向こうからは来ていない人」は、すっきり切り落としていいわけです。
そして、その他を以下で分けます。
(イ)親交がなくなっても惜しくない人
(ロ)親しいというほどではないが、まだ縁をつないでおきたい人
(ハ)仲のよい人
あまり細かくすると途中で嫌気がさすので、ざっくり3パターンにしてみましょう。
(イ)は簡単ですよね。年賀状を出さなければいいのです。向こうから来ても返事はしないようにします。
二年も続けば向こうだって送ってきません。実は向こうも同じように考えていて「一年だったら出し忘れかもしれない。でも二年も返事がなければ、出さなくていいだろう」と思っている可能性だってあります。
(ロ)は年賀状を出さずにおき、しばらく待ってから寒中見舞いを送ります。
文面には「年賀状を出していなかったが、変わらずお付き合いはしたい」みたいなことを書いておきましょう。もちろん「出すのが面倒だったので」なんて書いてはいけませんよ。「ここのところ年末が忙しい」とか「視力が落ちてきて書くのがつらい」とかいった

理由にしましょう。年賀状は毎年のことですが、寒中見舞いで一度断っておけば、つながりは保てます。

（ハ）は年末になる前に、ＥメールやＬＩＮＥで、「いつでも連絡は取り合えるし、年賀状やめない？」と気軽に伝えてしまってはどうでしょうか。

下手に理由を考えたり、よそよそしい文面を送ったりすると、かえって関係が悪くなるかもしれません。あくまで気軽な感じに。もちろんあなたとお友達の関係に合わせて考えてくださいね。

次に、②のお中元・お歳暮についてです。

仕事上の関係なら、引っ越しや退職といった節目でやめても不自然ではありません。

また親戚の方への贈り物は、基本的には「すべてやめるか」「変わらず続けるか」のどちらかではないかと思います。一部の親戚とだけやりとりを続けていると、バレた時に関係が悪くなる可能性があるからです。やめるなら同時にやめる。これが理想的です。

では、どうやってやめるか。もう子どもも独立して……というのであれば、単純に「もうしんどくなった」と正直に言っていいじゃないですか。

相手からもいただいているなら、年賀状やお礼状などで、「毎年このようによいお品をいただいてしまい、お手間をおかけして大変恐縮です」と贈り物へのお礼を述べつつ、「心苦しいですが、不躾ながら当方からのご挨拶を欠礼させてください」などと述べてしまうのです。

理由は何だって構いません。相手だって大人ですから、普通は意図を汲み取ってくれます。

気軽に話せる相手なら、さらに正直に「ちょっと経済的にしんどいので、お互いにやめませんか？」。下手な言い訳をして、後で辻褄が合わなくなる危険性を考えれば、最初から言い訳しない正直者にまさるものはありません。

いきなりは難しいようであれば、フェードアウトでいきましょう。

まずはお中元かお歳暮か、どちらかをやめて年一回にする。お中元なら暑中見舞いのハガキに、お歳暮なら年賀状に切り替える。または贈り物のグレードを下げる。

贈答が億劫な人は案外多いものです。もしかしたら先方にとっても、あなたの動きは「渡りに船」かもしれません。

温故知新　其の一

江戸庶民の「縁切り」おまじない①

『新撰呪詛調法記大全』より

江戸の人々はおまじないが大好きだったようです。もちろん現代のようにインターネットもありませんでしたから、生活をしていく上での頼りや根拠は昔ながらの中国の易・占術によるもの（陰陽道・道教）や密教の呪法、里修験《さとしゅげん》の祈禱などであったと思われますが、これは運命鑑定、人相、人間関係の愛憎から病気、憑《つ》きもの、失せ物、方角など多方面にわたり人々の日常行動指針としての役割をはたしてきました。

特に江戸時代後期（１７００年代後半～１８００年代中頃）から明治時代に至るまでは『呪詛《じゅそ》調法記』『増補呪詛調法記大全』『諸人調宝記』『色道重宝記』など

多くの易本・呪詛本が出され、自分で呪符（霊符）を作れるということから、庶民に受け入れられたのです。

現在も多く出されている占い、まじない系の本も、そこに掲載されている呪符なども、多くはそれら江戸時代に出された本を参考にしたものです。なかでも四柱推命、陰陽五行説、方位などは、一部の現代人にも大きな影響を与えています。

◉「人形《ひとがた》」を水に流す男女の離別法

豊島泰国著『図説 日本呪術全書』を参考に筆者がアレンジ

和紙（半紙）を切って下図のような人形を二体作り、両手両足の各先端部、頭の頂上、両耳の各部位に

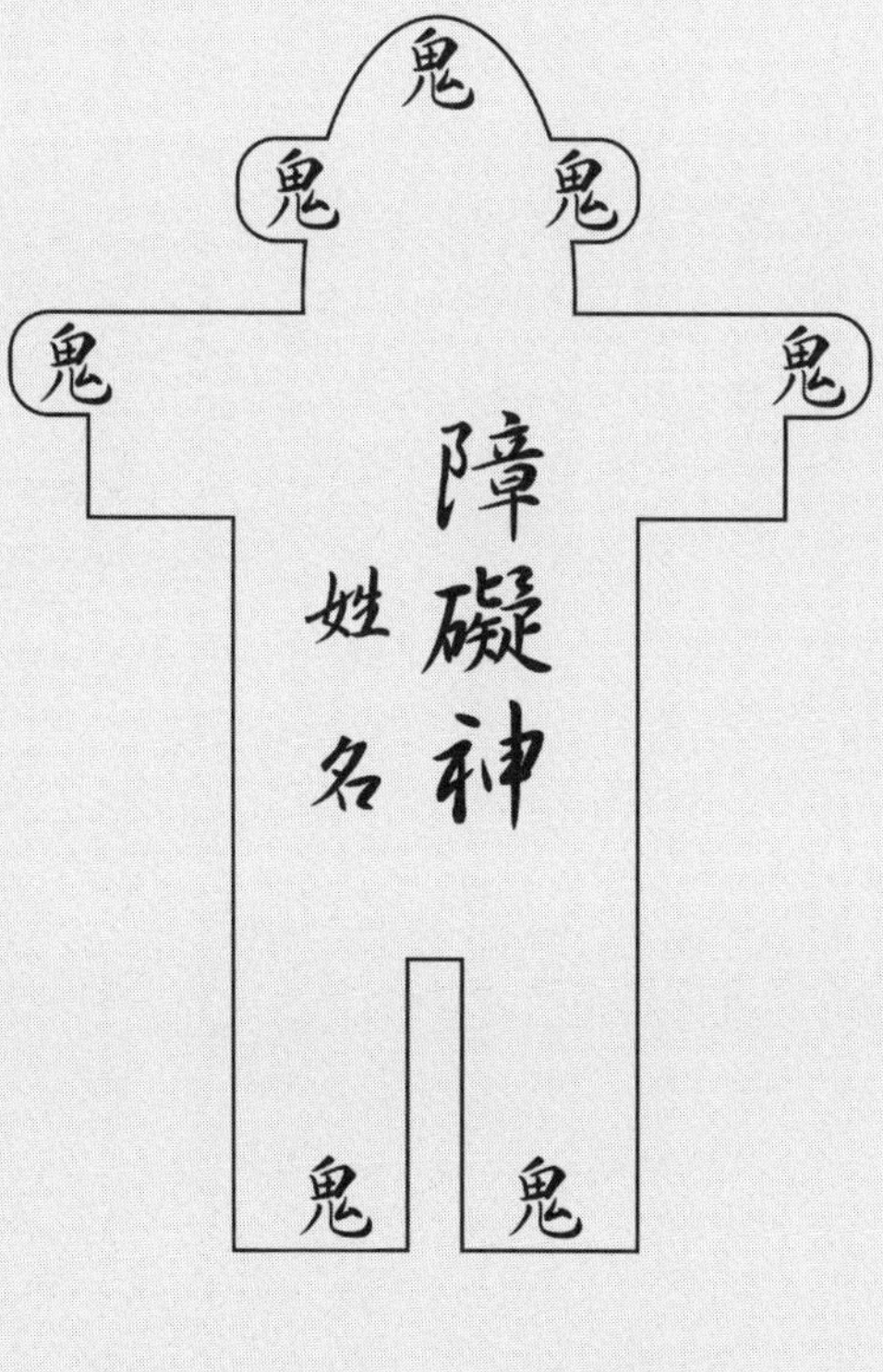

「鬼」の字を墨で書きます。墨は既製の墨汁ではなく、自分で念を込めて磨《す》ったものがよい。出来れば新しい細字用の筆で、人形の胸に「障礙神」と記し、さらに一体に男の姓名を、もう一体には女性の姓名を書いておきます。その人形を背中合わせにして、川の二股に分かれるところに流す。二股に分かれる川が近くにない場合は用水や堀、支流が本流に流れ込む場所でもよい。

もっと簡単な方法をお望みの方は、トイレットペーパーを男女それぞれ一ミシン分用意して筆ペンで前記のように書き（この場合、切り抜く必要はない）、やはり背中合わせにして水洗トイレに流します。ただ、決して安易な方法と思わないでください。動作の一つ一つに念を込めながら行なう行為こそが何よりも重要なのです。

これは、男女間に限らず、今でも行なわれる「相手の名を書いた紙や人形を水に流して縁を切る」という方法の基本となっているものです。

縁切りの技術2 ── 先輩・後輩、同窓会

ケース① 学生ノリが抜けない先輩

社会人三年目の会社員です。

業務にもようやく慣れてペースがつかめ、自分で判断できる事柄も増えて、とてもやりがいのある日々を送っています。

しかし学生時代に入っていたサークルの先輩から頻繁に遊びのお誘いが続いて、大変困っています。

たまにならよいのですが、学生時代と変わらないノリで休日ごとに毎回遊ぼうと言ってきます。せっかくの休日なのに体が休まらず、翌日疲れた顔で職場に出て周囲から皮肉を言われてしまうこともありました。

しかし先輩とは他にもつながる縦の人間関係があり、あまり極端な断り方をして後々に

尾を引かないか、とても心配です。

うまく縁を切りたいのですが、どうすればよいでしょう。

ケース② 同窓会に行くのが面倒

同窓会の誘いが増えてきた六〇代の男です。

かつての仲間たちに会える懐かしさから喜んで参加してきましたが、最近だんだん面倒になってきました。

というのも、旧交を温める楽しさだけで終わらずに、一方では妬《ねた》みや愚痴ばかり、また別の一方では自慢ばかりで「マウントを取ってきているな」と嫌な思いをしたり、言葉の端々から、学生時代は仲のよかった友人なのに幻滅してしまったりと、翌日思い出して「あれっ、いい気分になっていないな」という自分に気づいたからです。

いいかげん落ち着いた酒しか飲みたくない年齢なのに、まだ酔っ払って嫌な絡み方をしてくる者もいるのには閉口しました。

学校を卒業してウン十年、それぞれ生活環境が違うのですから、話が合わなくても当然とは思っていましたが、ここまでとは……。

もう行きたくない、会いたくないと思う者もいます。でも、これからも会って楽しく語らいたい者もいます。どうするのがよいでしょうか。

お答え

古くから付き合いのある方から誘ってもらえるのはうれしいものですが、無理を重ねては、よくない結果を招きかねませんよね。

まず①の方。

休日は仕事関係から離れる「自分の時間」です。気が向かない誘いが続けば、身体的にはもちろんですが、何より精神的に疲れてしまいます。

そのことが仕事のクオリティに影響しては、せっかく頼りにしてくださっている方々に迷惑をかけますし、評価が下がればもっとまずいでしょう。

だからといって「もう先輩には会いたくない」などとズバッと言っては波風が立ちます。そこで揉《も》めてしまって他の人を巻き込み、さらに疲弊する結果すら招きかねません。やはりあたりさわりなくフェードアウトできるのが一番です。

もしお誘いの日時がはっきりしているなら「あいにく予定が入って」と言えば、大抵はそこで分かってくれます。

しかし古くからの付き合いであれば「予定って何？」とストレートに聞かれてしまうことも多いでしょう。となると「親に会う」「休日出勤」などと説明してみましょう。

「来月のどこかで○○に行こう」といった、日時がはっきりしない誘いは「健康診断で休日はしっかり休めと言われた」「今は繁忙期で休みの予定が立たない」といった言い方に切り替えましょう。その裏付けとして、お返事も遅れ気味に。

その上で「本当は参加したかった」というニュアンスを漂わせることで気まずくなることは避けつつ、しっかり断るという手でいかがでしょう。

次に②の同窓会についてです。

同窓会は、久しく会っていなかった、かつては気心の知れた仲間たちと再会できる貴重な場です。どれだけ年月が経っていても一瞬で「あの頃」に戻れるのは楽しいもの。

しかしその延長で、酔っ払ってウザ絡みしてくる人もいます。

きっと相談者さんは愚痴や自慢ではなく、今はバラバラの環境にいる仲間たちと思い出話に花を咲かせながら、年齢と共に重ねた経験があったからこそ気づく視点を発見したり、また当時は理解できなかったり誤解したりしていたことが氷解していく、または新たな刺激を得る――そんな場面を期待されていたのではないでしょうか。

そうではなかった、とお気づきになられた。これもまた人生経験の一ページというものかもしれません。

さて、同窓会を断るのは、さほど難しいことではありません。

当日なら「体調不良」、直前なら「仕事で出張が入ってしまった」、まだ予定日まで余裕があるなら「その日は家族旅行の予約を入れている」、あとは親族の冠婚葬祭あたりでしょうか。これらの返事をして、引き下がらない人は、まずいません。

しかし当日の体調不良は、会場のキャンセル料などで迷惑がかかる可能性がありますから、配慮が必要です。

ただ、同窓会というものは、人数が増えるほど他愛のない話になるのは仕方ない気もします。すでに何度か同窓会に参加されて、会いたい人、会いたくない人もはっきりしておられるはず。もう一度会いたい人とだけ個人的に連絡して会えば、そのほうが建設的ですよ。

温故知新　其の二

江戸庶民の「縁切り」おまじない②
男女関係解消の霊符（『新撰呪詛調法記大全』より）

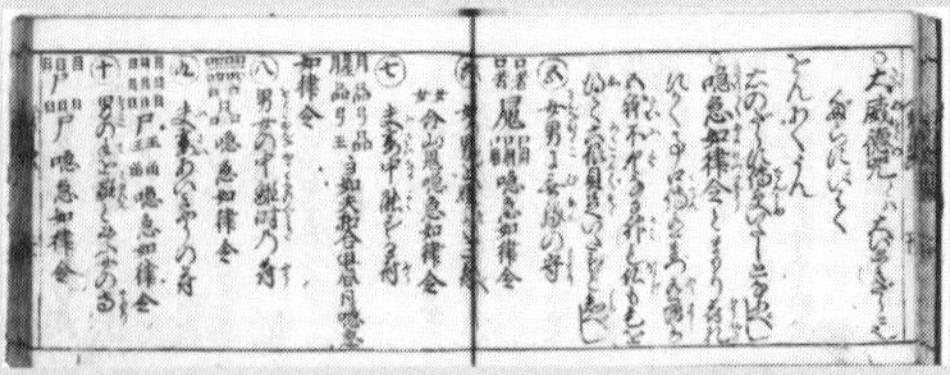

ここでは男女関係を解消するための霊符をいくつかご紹介しましょう。

不思議な文字や記号などが書かれ、最後に喼急如律令《きゅうきゅうにょりつりょう》と書き込まれている場合が多く見られます。これは悪鬼を退散させる呪文とされ、道教・陰陽道・密教・修験道でも用いられてきました。悪鬼退散のほかにも「願いを叶えてください」と神仏に訴える意味でもあります。もともとは中国から伝わった言葉で「至急、律令（法律）の如くせよ」という意味です。

霊符には愛情関係から妊娠・出産・育児、交際・社交、健康・家内安全、招福・開運などあらゆるニーズに応えたものが揃っていますが、ここでは離縁に特化したものをいくつかご紹介します。

これを、心を込めて和紙または半紙に書き写しますが大きさは問いません。ただ、人形《ひとがた》の場合と同じように墨は既製の墨汁ではなく、自分で念を込めて磨ったものがよく、出来れば新しい細字用の筆で書き写します。

これを守り袋などに入れて携帯したり、白い封筒などに入れて部屋の清浄な場所に保管します。中には薄紙に書いて呑んでしまう人もおられるようですが、この方法は筆者はお勧めしません。むしろ身近において常に意識の中に留めておくことが大切です。

①男性から離れたいと願う女性が持つ霊符

②女性と縁を切りたい男性が持つ霊符

②③は梵字が使われていることから密教・修験道系の霊符と思われる

③男性と縁を切りたい女性が持つ霊符

①より離縁願望度が高い

④離婚を成立させる霊符

男女兼用

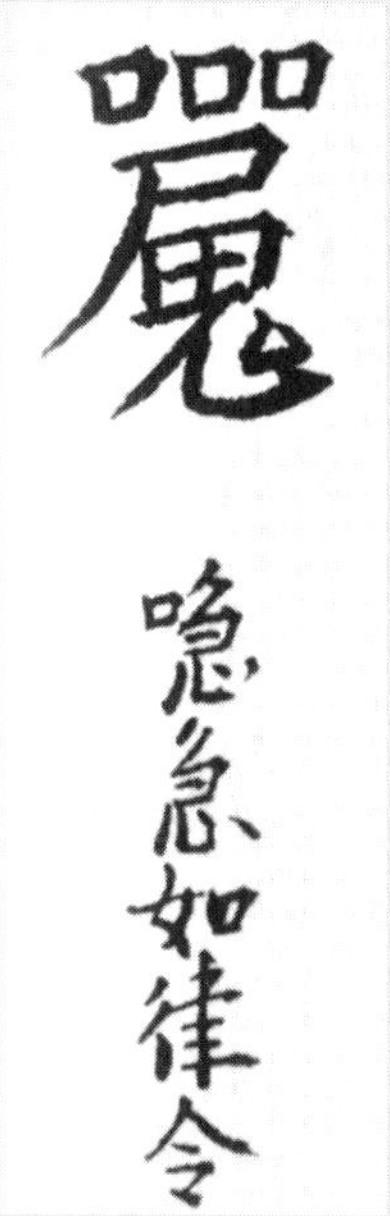

⑤恋人関係を解消する霊符

男女兼用で、相手と逢う時に携帯する

★★★★★★★★★★

縁切りの技術3 ― 近所付き合い、町内会、自治会

ケース① 町内会の役職

町内会で「形だけでいいから」と頼まれて役職に就きました。

私は五〇代ですが、ご近所には高齢の方が多く「まだ若いんだから」と清掃、夏祭り、餅つき、葬儀、防犯などさまざまな行事に呼び出されてこき使われ、疲労困憊しています。会費も決して安いものではありません。

夫は外で仕事をしていますが、私は自宅で仕事をしており、ひんぱんに呼び鈴を押されて、どうでもいい連絡が来るのにも非常に迷惑しています。

そういった状況下で辟易していたところ、出たくもない役員会で「家でゆったりやってるんだろうから、もっと昼間の会議に出たらどうだ」と言われたのにカッとなって、反射的に「もうやめたいです」と漏らしてしまいました。

すると翌日、役員の方が自宅にやってきて「みんなやりたくないけどやっている」「自分勝手は許されない」と叱られました。

そもそも私はご近所付き合いに積極的ではなく、催しものにも仕方なく出ているくらいで、本当にやめたいのです。

だからといって引っ越すようなお金はありません。どうすればよいのでしょうか。

ケース② 気の合わないママ友

同じ小学校に子どもを通わせているママ友とのお付き合いが苦痛です。子ども同士が友達なので仕方なく話を合わせますが、子どもの関係がなければ、まちがいなく付き合いたくない人です。

たとえば子どもをしつける基準。向こうのお子さんが家に遊びに来ると大暴れして、しょっちゅう何かを壊したり、汚されたりします。

そのことを伝えると、謝るでもなく「ウチもしょっちゅうだよ。仕方ないね」と、まるで私の子もあちらの家で同じことをしているかのような口調で済まされました。子どもにしつこく確認しましたが、私の子はよその家の物を勝手に触ったりはしません。

また会話すると必ず他人の陰口・悪口で気が滅入ります。
小学生の間だけ……と割り切っていますが、出来れば縁を切ってしまいたいです。

お答え

都会では町の催しなどは特になく、会費は月数百円というところもありますが、地方では年間で一〇万円以上も徴収され、お祭りや子ども会を充実させているところもあるようです。

町内会、自治会への参加は基本的に任意であって「参加しなければならない」ものではありません。とはいえ、やめれば多少なりとも「住みにくくなる」「気まずくなる」のも確かですよね。

会を無理に脱退したことで、本来住民税でまかなわれて平等に権利があるゴミ収集から排除されてしまう、といったケースも聞きます。

体力的な問題を訴えても「若いくせに何を言うか」と言われてしまうと、そりゃアンタらよりは若いかもしれないけど、と困ってしまいますね。

まず真正面から「会を脱退する」場合。

もし「ゴミ捨て場を使えなくなるぞ」と言われるなら、役所に戸別収集を依頼しましょう。災害時の避難所も同様で、住民としての権利です。お祭りなどに参加するなと言われても、地域のための行事から地域住民を排除するなど本末転倒。屈する必要も、気にする必要もありません。

……と述べましたが、そう簡単に受け入れてもらえない場合もあるでしょう。

こういう場合は、向こうから「この人には頼まないほうがいいな」と思わせる作戦が考えられます。

あなた自身は「協力する気がある」という態度のままです。もちろん会費もちゃんと納めて。

たとえば「町内会の仕事に無駄がないか、ひとつずつ精査してみたい」「情報をガラス張りにして一円単位で詳細を付けましょう」といった、面倒なことになりそうな発言をして「悪い人じゃないけど、仕事を任せにくいキャラ」を確立するのも、ひとつの手です。

または「時流を考え、私はオンラインのみの参加にしたい」とか。

何より自宅はあなたにとって「仕事場」でもあります。自治会のせいで仕事に支障を来したからといって、彼らは責任を取ってくれませんよ。自分で「守る」覚悟は必要です。

次に、②ママ友のお悩み。

子どものために嫌々ながら友達の親と付き合う、というのは子どもの小さい頃にありがちな悩みです。なぜだろうと考えてみると、親の人間関係が子どもの友人関係に影響してしまう心配があるからでしょう。

逆にいえば、子どもが自力で友人関係を構築できるようになれば、だんだん親同士は関係なくなります。すると、せいぜい小学3〜4年生くらいまで……となるわけです。

また他人の陰口・悪口を聞かされて、そんなママ友との付き合いに気が滅入るとのことで、きっとあなたは心の優しい方なのだと想像します。

でも、はっきり言ってしまえば、むしろ「気の合うママ友」のほうが貴重なくらい少ないのです。それに子育てを終えた世代に聞くと「今になって思えば、ママ友なんて必要なかった」という人も少なくありません。

このあたり、会社の人間関係と似ているかもしれないですね。そのため、ある程度は「営業活動」と割り切るしかありません。つまり子ども同士が友達なのであって、親は友達ではない……こんな時「デキる営業担当者」ならどう対応するか、考えてみましょう。彼女は、相手の話は聞きますが、自分のことは話しません。

悪口・陰口を話しかけられたら「でも、あの人にはこんないいところもあるわよ」「もしかしたらこんな事情も考えられるかも」などとやわらかく話の腰を折っていきます。

「実家の用事、仕事がある」あるいは「子どもの習い事を増やしたので」など、理由をつけて一緒にいる時間を減らしていく。電話やＬＩＮＥなどは、着信を無視して翌日に「昨日はごめんなさいね」と謝りながら返信するのを繰り返す。こういった対処を続けてみてはどうでしょう。

会社と同じで「急に無視する」のはトラブルのもとです。会えば挨拶もするし、世間話もする。それでいて「この人とは気が合わないな」と相手に思わせる作戦です。普通はこれで下手に揉めることなく、相手のほうから離れていくでしょう。

子どもが我が家に来るのも、入ってよい範囲を限定して、「玄関まで」を最終目標に、少しずつ狭めていきましょう。

温故知新　其の三

江戸庶民の「縁切り」おまじない③
「逆さ箒《ほうき》」による嫌な客の撃退法

『画本柳樽二編（部分）』より

今は箒のある家は少なくなっているようですが、最も昔から知られた簡単な縁切りのまじないです。ただし効果は一時的なものです。

箒に関する言い伝えは出産にかかわるものなどを含め神話時代から語られ、全国的にも多くあります。ここでは長居する客の撃退法を紹介しましょう。また、来てほしくない人への予防的拒絶法にもなるといいます。

方法は実に簡単で、箒を相手に見えない場所に逆さに立て、手拭い（タオル）で「ほおかむり」させれば完成です。

「帰ったを見ればほうきも恐ろしい」という古川柳があり、いたずら半分で箒を立てたら、さっそく客が帰ったので、かえって気味が悪くなったという内容です。いずれにせよ箒は悪いモノを掃き出してくれる、またはお産を軽く済ませてくれる「神さま」だと信じられていたわけです。

また、客の下駄の裏に灸をすえるという方法もあったそうですが、下駄は木だったから出来たわけで、今は灸も下駄も一般の家庭にはそれほどありませんから、簡単に出来る方法ではなくなってしまいました。

温故知新　其の四

江戸庶民の「縁切り」おまじない④
子どもの縁切り呪い「エンガチョ」

子どもたちがよくやるトラディショナルな口遊び、まじないに「エンガチョ」があります。

これはある種の穢《けが》れの感染を防ぐための特別な仕草で、地方や時代によってその呼称は異なっており、エンガチョのほか、エンガ、ビビンチョ、エンピなど多くのバリエーションがあります。

たとえば犬の糞（昔はよく見かけました）を踏んでしまった子に向かって「あー、こいつエンガチョ」などと囃《はや》し立てるのですが、その子にタッチされた子にもエンガチョは感染します。つまり穢れは感染するという観念です。そうして互いにしばらく騒いだ後、誰かが「エンガチョ縁切ったー」と宣言すれば、皆が同じ行為をして騒動は収まります。

この時、筆者の地元（武蔵野市）では両手のそれぞれの人差し指と親指で円を作り、その輪を互いに繋いでから離す、という行為をしました。

この指の形や行為も地域や時代によって異なったようです。ただ、遊びとして肝心なルールは、いつまでも執拗に特定の個人を囃し立てないことです。それは喧嘩《けんか》やいじめにつながるので、ほとんどの子どもたちは、それをわきまえていたものです。

温故知新　其の五

江戸庶民の「縁切り」おまじない⑤
丑の刻参り

『今昔画図続百鬼』鳥山石燕

ご存じのように、これは藁《わら》人形に五寸釘を打ち込んで相手を呪う方法ですので、本書ではお勧めしません。しかも方法には細かいルールがあり、実際は実行不可能でしょう。

ただ、インターネットなどでセットが販売されていることだけを、お知らせしておきます。

★★★★★★★★★★ 縁切りの技術4 ― 友人、サークル

ケース① 変わってしまった友人

学生時代から付き合いの続いている友人がいます。

今はお互い社会人として家庭を持ち、日々忙しくしているので、直接会うのは年に数回程度、あとは電話やSNSでのやりとりです。

しかし最近、妙に友人が説教くさくなり、私のやることなすことを攻撃するようになりました。

もちろん私も黙って聞いてはいません。そのため毎度同じような口論になり、家庭の用事などで時間切れとなって終わります。

以前はそれでも「友人だから」と思っていましたが、最近自分も体力がなくなってきたのか、この友人と話した後はぐったり疲れて数日間ひきずってしまいます。

そこで「もう関係を切ってしまおうか」と思うのですが、人間の心には波があると思いますし、せっかくの古い友人と絶縁したら後悔するんじゃないか……とも悩みます。

とりあえず今だけは距離を置きたい、話したくない。でも、もしかしたら、いずれまた仲が復活するかもしれない。そのくらいの距離感を求めています。

どうすればよいでしょうか。

ケース② 趣味のサークル

趣味で文芸同人サークルに参加しています。

悩みは、そちらの先輩男性に好かれてしまっていることです。

私は真面目に創作に関する知識や技術、刺激を得たいと思っているのに、活動中ずっと私のそばに陣取り、ひっきりなしに話しかけてきます。

自意識過剰なのかもしれませんが、「好きだ」という気持ちを仄《ほの》めかしているように思えます。しかし私にそんな気は一切ありません。邪魔でしょうがないです。

「二人で出かけよう」などと誘われたこともあり、そのたびにやんわり断ってきましたが、だんだん断る理由を考えるのが億劫になってきました。

ただ当初は仲がよかったですし、人間的に嫌いな人というわけでもありません。ぎくしゃくしすぎると集まり全体の空気が悪くなりそうですし、下手に誘いに乗って脈があると勘違いされても困ります。

お答え

まずは①のケース。お気持ち、よく分かります。

人は誰でも、年をとるほど「気のおけない友人」を作るのが難しいもの。一〇代から長い時間をかけて培《つちか》ってきた友人関係ですから、それをもう一度、別の人とゼロから構築するのは不可能に近いですよね。

また今はイヤでも、別れを告げるのは、まるで過去に大好きだった「友人への思い」まで捨て去るようでつらくなってしまうものです。

「一期一会」という言葉もありますが、逆に同じ人と同じシチュエーションで何度も会ったとしても、人は常に変化・成長しています。あなたと友人とのコミュニケーションも常に異なるもののはず、いつも同じではありません。そうして、お互いいろいろ変化した結果、時には「今、一緒にいるのはお互いのためにならない」と見きわめる覚悟も必要でしょう。

しかし出会ったばかりの軽い友人なら自然消滅も可能ですが、長年の友人はそうもいきません。いきなり音信不通にして、相手に無用の緊張とストレスを強《し》いるのは、決してあなたの本意ではないはずです。

もちろん人によりますが、ここは恋愛関係の終わりと同じで「正直に伝える」のが最善の道ではないでしょうか。

正直といっても「おまえのこういうところが嫌いだ」と伝えるのは悪手です。

怒りを表明するのではなく、たとえば「最近、あなたは私の意見を聞いてくれなくてつらい。あなたを嫌いになりたくないから、しばらく距離を置きたい」と言うのです。「離れる」のではなく「かかわり方を薄くする」イメージです。お互いの状況が変われば、また二人の仲は復活するかもしれません。

無理をしてまで付き合うくらいなら、しばらく縁を切る。無理なく付き合えるようになれば、その時はその時。そんな心持ちでいいのです。

無理してやるものではないのは、②のケースも同じです。

あなたはしつこく誘われる側、しかも後輩です。サークル全体の先行きにまで気を遣《つか》う必要があるでしょうか。

気を落ち着けて、あなたに気のある男性の「周囲」の気持ちを想像してみましょう。

みんなの協力で維持している集まりに、新しく後輩が入ってきました。すると仲間のAがあからさまにちょっかいを出し、どうも後輩女性は嫌がっている。

普通なら「おい、やめてやれよ。居づらくなっちゃうだろ」と諭《さと》すくらいやって当然ではないでしょうか。

逆にAとあなたがいい仲になったとして、公開でいちゃいちゃされるのも見苦しく、集まりにとってプラスにはならないでしょう。その場合も、きっとAに「ここでは公私を分けて、みんなの前では先輩・後輩として行動してくれないか」と言いますよ。

つまり、うまくいこうが失敗しようが、周囲が注意の目を向けるのはあなたではなくAのはずだということです。

あなたは今まで通りでいればよいのです。もし後輩で女性であるあなたを責める手合いがいるなら、そんな連中の集まりはこちらから願い下げだと考えるしかありません。

温故知新　其の六

縁切り榎――板橋宿の一画にある噂の樹

東京・板橋の縁切り榎

◉歴史

享保一八（１７３３）年、富士講行者・食行《じきぎょう》身禄《みろく》が板橋宿で入定《にゅうじょう》のため家族・門人と別れるが、榎の枝に笠を取られ立ち往生する（後述）

寛延二（１７４９）年、皇女・倫《とも》子《こ》女王、幼名五十宮《いそのみや》（閑院宮親王家の第六皇女）が徳川家治（一〇代）に

降嫁。行列は縁切り榎の前を通る。しかし婚礼後に誕生した二人の娘が夭折（二歳と一三歳）、本人も三四歳で亡くなる。榎との関係を取り沙汰される

文化六（１８０９）年、皇女・喬子《たかこ》女王、幼名楽宮《さざのみや》（有栖川宮親王家の第六皇女）が徳川家慶（一二代）に降嫁。この時、縁起が悪いとの御注進があり、行列は榎を避け、迂回路を約七〇〇メートル遠回りした。しかし実際は中山道板橋上宿の入口には貧民窟があり、そこを通らせるわけにはいかないという配慮だったといわれている。女王が江戸へ下向した時はわずか一〇歳だった

文久元（１８６１）年、皇女・親子《ちかこ》内親王、幼名和宮（仁孝天皇の第八皇女、孝明天皇の妹）が徳川家茂（一四代）に降嫁。この時も前例に倣《なら》い行列は迂回路を通ったが、さらに榎には周囲から見えないようコモを巻いた。つまりこの頃には「縁切り榎」の信仰が庶民の間で確立していたと思われる

明治二三（１８９０）年、榎が火事で焼けるが、二代目となる芽出しを育てる

昭和四四（１９６９）年、土地騒動が起き、街道を挟む反対側（現在の場所）に三代目の榎を植える。現在は四代目も生えている。祭神をそれまでの「第六天」から「榎の霊」とする

そもそも縁切り榎は、その木に出来た大きな洞《うろ》の中に祀《まつ》られた「第六天祠」の神木とされてきました。第六天とは、もともと人の快楽を自分の糧《かて》とする仏尊といわれ、仏教思想における天界の最下段・欲界六天の第六天に住む「他化自在天」のことです。衆生が仏教に目覚め、悟りを開いてしまうと快楽を求めなくなってしまいます。そうなると自分の楽しみもなくなるので、仏尊でありながら仏教が広まることを邪魔するようになったという理屈です。その時は手下の魔性たちを使い、自らは黒龍に姿を変えるといわれます。それゆえ魔王の総帥とまで認められ、比叡山延暦寺を非情に焼き討ちした織田信長に比されるほどになりました。

ちなみに、有名な戸隠の鬼女・紅葉《もみじ》は両親が第六天に祈願して授かった美しく才能のある少女でした。しかし魔性も持ち合わせていたことはよく知られています。

ともかく、第六天は人が胸中に秘す「恥ずべき欲望」までをも祈念すれば満たしてくれると信じられました。つまり人間の恋愛感情や子授け、不倫なども、それが快楽となれば応援し叶えてくれるというのです。

『新修日本佛像図説』木村小舟 における第六天

もちろんこれは人間の勝手な解釈ですが、それゆえに江戸時代には江戸っ子たちに歓迎され、関東を中心に大流行した神様なのです。当然、明治時代に入ると「邪教淫神」扱いされ、政府から阻害・弾圧されるようになりました。

そこで人々は第六天を存続させるため、祭神名や社名を変えるなどの知恵を絞り、今では神社に祀られている場合も多く、合祀された場合も含めて東京だけでも七〇社ほど残っています。ただ、今ではその変遷を覚えている人は少ないのが現状です（拙著『「第六天」はなぜ消えたのか』参照）。

ところでその第六天の神木だった榎がなぜ「縁切り」に突出して信仰されるようになったかについては、大まかに二つの説があります。

一つは、この榎の前で、富士信仰の行者・食行身禄が富士山七合目の烏帽子岩で入定（自らが衆生を救う仏となるために絶食などをして絶命する究極の修行）する前に板橋の宿で

縁切りを願う絵馬がびっしり

妻子や門人たちと今生《こんじょう》の別れをした。その際、富士へ赴《おもむ》くため後を振り向きもせず馬を急がせる。必死に追いすがる妻子たちもさすがに置き去りにされようとした時、身禄は例の榎の枝に笠を引っかけてしまう。それを外そうと手間取り、思わず後ろを振り返った。

後に『食行身禄御由緒伝記』を書いた門人の中雁丸は、この時の様子を「天がこの別れを惜しみ、わずかな時とはいえ彼の姿をそこに留まらせたのだ」と伝えています。この時の榎は、縁切りというより、むしろ別れを長引かせる役割を果たしたわけです。

二つめとして、もともとの榎は「えのき→縁退《えんの》き」につながるともいわれますが、逆に「縁の木」とも解釈できるので、これだけでは縁切りにはつながりません。

ところがこの榎は欅《けやき》（槻《つき》）と同じ所から生え、あたかも一株の樹のように育っていたらしく、そこから「縁の尽き」になったというのです。

また、少々苦しいけれど、榎の前（宿の入口）を俗に岩の坂と呼んだらしい。それで「榎木槻木岩の坂」が「縁尽き嫌の坂」になったという説もあります。当時の状況はよく分かりませんが、現在はいわれるほどの坂には感じられません。

いずれにせよ当初は板橋宿の飯盛女《めしもりおんな》が馴染み客との縁結びや嫌な客との縁切りを、江戸で流行っていた第六天の一社ゆえに、ここに祈ったのでしょうが、たまたま「離縁」のご利益が突出したのだと思われます。流行神《はやりがみ》の第一歩は「誰々の願いが叶った」という噂が広まることから始まるのです。

この社には男女関係ばかりでなく、友人や会社での人間関係、病気や貧困などとの縁切りを願う絵馬がびっしりと架かっています。その重さで絵馬架けが倒れてしまうのではないかと思えるほどの驚くべき量。今はその祈願内容が読めないようにシールが貼られるようになりましたが、内容を読むとゾッとするほど怨念が込められたものも少なくありません。

祈願していた一人の女性に「やはり縁切りのお願いですか?」と尋ねたところ、「ああ。ぶった切ってやる!」と凄まれて腰が引けました。からかい半分で気楽に尋ねた自分を恥じたものです。しかし、実は彼女は男連れでした。もちろん別の男と思われます。

かつては榎の樹皮を剝《は》いで煎じた汁を相手に(密かに何かに混ぜて)飲ませるとよいとされ、「やかぬはず 女房榎を 呑ませる気」などの古川柳が知られますが、今は若木が削られぬよう、幹の周囲は保護されています。

板橋宿の「板橋観光センター」には初代榎の一部が展示されていますが、こちらでは「榎は悪縁を絶ってくれるが、同時に良縁は結んでくれる」とイメージアップを図っているようです。

絵馬は隣の蕎麦屋さんで入手できます。その後、役目の済んだ絵馬は、町内会で「お炊き上げ」してくれるそうです。

縁切り榎の小さなお社

★★★★★★★★★★ 縁切りの技術5 ― きょうだい

ケース① 遺産相続

現在、パートで働きながら老いた母親と同居しています。

先日、ずっと疎遠だった弟と久方ぶりに会って、話をしました。

そこで実家の現状を話したところ、他の人もいるような場所だったにもかかわらず「母さんが早死にしたら姉さんの責任だからな。その時は相続はちゃんとさせてもらう。姉弟平等で二分の一ずつだからな」と言い放たれました。

まわりの人がギョッとした顔でこちらを見ているのが分かり、私はつい遠慮してはっきり反論しないままにその場を後にしてしまいました。後になって「何もしていないくせに、何たる言い草か」と怒りがぶり返し、夜も眠れぬほど腹が立っています。

もちろん、いずれ母親にも寿命が来るのは承知しています。また私自身の収入状況やこれまで培ってきた生活環境を考えると、母に万が一のことがあった後も、そのまま実家に住むつもりでした。しかし不動産の評価額込みで「きっちり二分の一」と言われると、私が実家に住み続けるには相当額の現金を用意しなければならないのだと思います。弟は私にそんなお金がないことを承知のはず。つまり実家を売れと言われているのと同じです。

今のうちに弟とは縁を切って対策しておきたいです。どうすればよいでしょうか。

ケース② 無茶を言う兄

このたび結婚式を挙げることになったのですが、四歳年上の兄夫婦への対応で悩んでいます。

兄弟仲は「まあまあ」といったところで、これまで特に問題なくやってきました。しかし兄が二年前に結婚し、このたび弟である私も結婚することになって厄介事が発生しています。

もともと私も妻も大規模な披露宴には興味がなく、「どうせなら楽しみたい」と考えてお互いの両親だけを連れた海外挙式に決めました。

お互いに渡航・宿泊の費用を負担できるのはそれぞれの両親くらいが限度だし、兄弟や親族の数の釣り合いも取れないことが理由でした。

ところが兄から「子どもを含めて、おれたち一家も招待しろ」としつこいのです。だったら金を出してくれと伝えたのですが、そのうち分かったのは、どうやら兄嫁が理不尽な要求をしているらしいのです。

妻に相談したところ、あちらの両親からは「ややこしいようなら二人だけで楽しんでくればいいじゃないの」と言われたとのことでした。うちの両親も「どんな形でもかまわないから、自分たちで判断しなさい」という態度です。

元凶は兄嫁であり、兄が悪いとまでは思えません。とはいえ、要求を断って、寂しい限りですが、兄一家との縁を切るしかないでしょうか。

お答え

「きょうだいは他人のはじまり」とか「相続ではなく争族」なんて言葉はよく聞きますが、それぞれに家庭を持てば、人間関係に変化が生まれるのは当然かもしれません。

まず①のケースです。

弟さんとは血縁でつながっていますから、法律上の関係を断ち切ることは出来ません。

ただ気持ちとして「絶交」するのは自由です。ましてあなたはご両親の面倒を見てこられたのですから、弟さんに何を遠慮することがあるでしょう。

ただ遺産相続は、二人きょうだいなら半分ずつというのはその通りです。しかし相続で法律が求めているのは「公平」であって「平等」ではありません。

このままお母さまと同居されるのであれば、あなたがお母さまの介護をする可能性が高いですよね。それは寄与分として相続の際に考慮されるはずですので、弟さんのいう二分の一という主張に対抗できるのではないでしょうか。

またはお母さまに、あなたに全財産を相続させるといった内容の遺言書を作成してもらってはいかがでしょう。

これで弟さんは「遺留分」として権利を主張できる四分の一の財産までしか相続できなくなります。

あるいは、「生前贈与」と引き換えに遺留分を放棄してもらう手もあるようです。

もし弟さんがすぐにまとまった現金を必要としているなら、（遺留分より少ない）お金を生前贈与するから代わりに遺留分を放棄しなさい、と交渉するわけです。これで相続時に遺留分請求は出来なくなります。実質的な「縁切り」です。

ただ相続に関する法律は、実情に合わせてこまめに改正されていたりします。弁護士や公認会計士、税理士といった専門家にご相談されることで、どういう手段が一番よいかご判断できると思います。

さて、次に②のケースです。

結婚式は新たな人生を刻む二人のこれからを記念する、幸せなものでないといけません。もちろん、夫婦を皆さんに披露するのも結婚式の大切な役割だという方もおられます。そういう場合は、海外挙式とは別途、国内で簡単な「お食事会」などを開いたりするようですね。

ただ結婚式は今後ともお付き合いしたい人を招くものですから、はっきり言ってしまえば「付き合いを整理する場」でもあります。

「兄弟は他人の始まり」ですが、兄弟だけに、あなたに対してどこまで無理を通せるかという限度を知られているのかもしれません。でも、そもそも「披露」しない海外挙式なのですから、二人の好きにすればよいのです。というか、むしろお兄さんなら弟のために「これでいい式を挙げて」と、お金を包んでくれるくらいの度量がほしいですよね。

よくも悪くも男性の多くは、結婚すると相手の女性の影響を受けるものですが、それも含めてお兄さんの判断でしょう。そうなったら、縁は切らずとも「付かず離れず」でいくことです。それぞれに家庭を持ったら、余計なことは言わない。イザという時だけは助ける。それが古来の知恵です。

多くの社会人は、ある程度まとまった日数でゆっくり旅行をするのは難しいもの。新婚旅行を兼ねた海外挙式であれば、まずは自分たちが一番楽しめるものであるべきです。まずはお兄さんの一家まで招待するようなお金はないと伝えること。そして「妻の親族との兼ね合いを考えてくれ」と諭すこと。

それが難しいなら、親御さんのおっしゃるように二人だけで式を挙げてしまうことです。またはお兄さん夫婦には「式はキャンセルしたけど、いい機会だからお互いの両親だけ連れて旅行する」とでも言っておいて、旅先でちょうどいいプランがあったから、なんて適当な理由で実行してしまえばいいのです。

温故知新　其の七

離縁を叶えてくれる女神たち①

カップルでお詣りすると、祭神が弁天さまなど女神の場合、嫉妬されて別れることになるとよく言われますが、筆者の個人的印象では、男の嫉妬もスゴイものがあります。社会に出ればどなたでも一度は経験されるでしょうが、理不尽に「出る杭を打つ」手はほとんどが男性の手で、女性のものとは限りません。

女性が嫉妬深いとされたのは、女性の立場や地位が低かった時代、または女性が受け身を取らざるを得ない社会においての、憤怒の蓄積と感情のほとばしりの結果でしょう。もはや女性が「キーッ」とハンカチを噛んでいる様子など、ジェンダー問題云々以前の陳腐な男の妄想です。男が常に「女性より優位にありたい」と企んできた結果でしょう。

しかし神々の世界では、むしろ女神のほうが優位にあったといえます。したがって女神に祈願すれば縁が切れるというステレオタイプの思い込みは、基本的に女神に失礼と言わざるを得ないのです。

「二人でお参りに行くと焼き餅焼かれちゃうかもね」なんてセリフは女神に言わせれば図々しいにも程がある。特に弁財天の場合、彼女の恋人は蛇とか龍、宇賀神など、つまり異界の神々だから、チンケな人間の男など目にも掛けないはずで、焼き餅も焼きようがありません。ではなぜ離縁のご利益があるのかというと、ズバリ「女神・姫神は女性の味方」だからです。したがって、理不尽で我が儘な縁切りの願いは、これも女神に失礼かもしれません。

以下に、本書後半のコラム「縁切りスポット」でご紹介する女神の履歴をごらんに入れておきましょう。

◉辨財天（弁財天）

弁天さまとして、どなたもご存じの女神ですが、その美しいイメージとは裏腹に過去は想像以上に壮絶です。まず、その誕生からして罪深い。彼女はインドの最高神「ブラフマー（梵天）」に理想の女として作られましたが、あまりにも美しかったため、ブラフマーは彼女を自分の妻にしたくなりました。それに気づいた彼女は逃げようとしますが、どこに逃げてもブラフマーの顔に取り囲まれ、ついに諦めて彼の妻になり、そして出来た子が人類の祖となった。つまり彼女にとっての初めての夫は自分の父でもあったのです。

鶴岡旗上弁財天絵馬

やがてインダス川の神格化・大地母神となり、言葉や知恵の女神「ヴァーチュ」と同一視され「美音天」「弁才天」と呼ばれるようになり、弁舌・学問・音楽・技芸の神となりました。

蛇や龍との関係は、川辺に蛇が多く生息するわけではなく、よく言われるように、もっとスケールの大きな川の蛇行からのことと思われますが、そのおかげで蓄財の神にもなっています。

日本の江ノ島に降り立った時、それを見ていた悪龍に一目惚れされ、仏教に帰依することを条件に龍に身体を許します。また、時として人間と契りを結ぶ話などが伝えられていますが、これも男たちの勝手な妄想が生んだ話です。しかし、そのような奔放な部分が噂されたため、江戸時代には好色な目で見られたりしました。技芸上達の神として花柳界関係からの信仰が深かったことも一因でしょう。

さらに江ノ島の弁天像は裸にされて、ますますグラビア・アイドル的存在になってしまいました。もともとの彼女は着衣だったのに、わざわざ服を脱がせてしまったのは、この裸の女神で人を集めようと目論む一部の人間の企みだったのでしょう。そしてその企みは見事に的中しました。

いずれにせよ、「天部」として仏教に取り入れられた神ではあるけれど、イメージ的にはあくまで庶民信仰の対象としてであり、悟りや涅槃《ねはん》とはほど遠い存在です。あくまでも福神として人気先行の神なのです。

明治時代には神道系の市杵島姫命《いちきしまひめのみこと》に変神させられたりして、その存在はさらに曖昧《あいまい》になってしまいました。

ただ、本来は戦闘神として武家の信仰を得ていたことも付け加えなければならないでしょう。実は六本の手にそれぞれ武器を持つ恐ろしい女神でもあるのです。嫉妬深いわけではなく、強い女神なのです。

以上述べたようなスキャンダルや誤解にまみれながらも、辨財天は高い人気を保ち続けてきました。だからこそ、女性の味方として頼りがいのある女神なのです。

◉橋姫

橋のたもとに「橋姫明神」などと呼ばれて祀られていることがあります。基本は橋の守り神です。

中でも名高いのが宇治の橋姫ですが、こちらは嫉妬のあまり復讐の鬼神になった女性を神として祀った例です。ほかにも橋を架ける時に人柱となった女性の霊を祀った場合や、橋は異界との境界であるから、そこに現れた鬼女を祀ったものなど、いずれにせよ怨念や復讐の思いを抱く女性の霊が、もともとの祭神です。

『今昔画図続百鬼』鳥山石燕

だからこそ同じような情念を抱く女性の願いを理解

し、叶えてくれるという図式になるわけです。

妬みから復讐の鬼神となり、相手をとり殺そうと願う女の話が「平家物語」に出てきます。「長なる髪をば五つに分け五つの角にぞ造りける。顔には朱を指し、身には丹を塗り、鉄輪を戴きて三つの足には松を燃やし、続松を拵へて両方に火を付けて口にくはへ、夜更け人定りて後、大和大路へ走り出で、南を指して行きければ、頭より五つの火燃え上り、眉太く、鉄漿《かねぐろ》（お歯黒）にて、面赤く身も赤ければ、さながら鬼形に異ならずこれを見る人肝魂を失ひ、倒れ臥し、死なずといふ事なかりけり。斯の如くして宇治の河瀬に行きて、三七日（二一日間）漬りければ、貴船の社の計らひにて、生きながら鬼となりぬ。宇治の橋姫とはこれなるべし」ということなのです。

これはすなわち後の世の「丑の刻参り」と同じスタイルです。ここまでくると「離縁」を超えて「復讐」になってしまいますが、それだけ橋姫のご利益は猛烈だと心してお詣りしなければならないということでしょう。

★★★★★★★★★
縁切りの技術6 ― 親戚付き合い

ケース① 亡夫の親族

夫の生前にはずっと、距離なし、遠慮なし、デリカシーなしの夫の親族と我慢して付き合い続けてきました。夫が健在なうちは縁を切るわけにいかないと思っていたからです。

そんな中で夫が他界し、今は子どもも独立してひとり暮らしをしています。

義理の両親もかなりの高齢となり、ここのところ、どうも私を介護のあてにしているらしい言動が目に付くようになりました。

しかし若い頃から折り合いがよかったわけでもなく、大きな援助を受けた覚えもありません。何より夫にはきょうだいがおりますから、そちらで何とかすればよいと思います。

夫なら離婚という形で縁を切れますが、死別した夫の親族との縁を切る、分かりやすい方法はないものでしょうか。

ケース② 身勝手な伯父への怒り

先日、父の葬式をしました。そこで父の兄、私から見れば伯父とトラブルになってしまいました。

葬儀には出席できないから代わりに弔電を出す……と言っていた伯父が急遽《きゅうきょ》訪れ、親族だけの小さな式にしていたものですから精進落としの席を追加してもらうのに手間取りました。

すると伯父はプライドを傷つけられたのか、その場で怒鳴り散らし、あげくに「言いたいことを言った。もう恨みっこなしだ」としゃあしゃあと言ってのけました。みんなが悲しみの淵にいる時に……、私はあまりのことに血管が切れそうになり「ふざけないでください！」と返してしまいました。

後日、伯父からお詫びの品が送られてきました。

しかし私の怒りはおさまっておらず、受けとった品のお礼を言う気になりません。

昔からカッとなっては場の空気を考えずに怒鳴る伯父と、今後一切付き合う気はありません。どうするのがよいでしょうか。

ケース③　小姑がうっとおしい

結婚して一〇年ほどになります。

小姑、つまり夫の妹がうっとおしくて仕方ありません。

夫が「実家大好き」で、私も姑さんとは仲がよいので頻繁に遊びに行くのですが、実家近くに住んでいる彼女が、必ず私の行動にケチをつけに来ます。

たとえばお皿を洗えば、きれいになっているのに「何、その洗い方？　ぜんぜん洗えてない！」と指摘してきます。かといって自分がやり直すわけでもなく、姑さんも毎度「ちゃんと洗えてるじゃない？」とキョトンとしています。

そうなると今度は「化粧も髪型も派手」「変なツメ」「うちの家風に合ってない」などと私にしか聞こえないように言ってきます。

団欒《だんらん》の時間になると、必ず私の知らない人や古いエピソードを持ち出してきて、私が会話に入れないようにしてきます。

夫にはこれらが嫌だということは伝えています。夫も「善処する」とは言ってくれますが、自分の妹と喧嘩する気はないようです。

このような小姑とは疎遠に、それでいて義理の両親とは仲よくしたいです。どのように対処すればよいでしょうか。

お答え

まず①の夫のご親族との関係から。

法律的に考えますと、あなたは実のご両親と「血縁」でつながっています。夫とは「婚姻」という縁がつながり、そこから義理のご両親ともつながっていたわけです。

そして夫とは死別されたわけですが、離婚はしていませんから、配偶者としての関係も続いています。

つまり、義理のご両親との縁を切るには、この「婚姻関係」を切ればよいのです。

そもそも介護の義務は実子にしかないとされていますので、夫婦関係のままであったとしても、あなたが義理のご両親の介護をするかどうかは「人情」だけの問題です。

ここで離婚届のような分かりやすい形があればいいですよね。

方法は簡単で「姻族関係終了届」を提出するだけです。

もちろん相手の許可なんて必要ありません。届の提出期限はなく、いつでも出せます。

つまり今すぐ提出してもいいですし、具体的な扶養なり介護なりを押しつけられそうなタイミングで出しても構いません。

また姻族関係の終了と、相続・遺族年金はまったく別の話です。姻族関係終了届は義理の親族と縁を切るだけで、配偶者との婚姻関係はそのままという制度なのだそうです。ということは、相続や年金で不利になることはないわけです。

詳しくは役所の住民課でご相談なさってください。届出書類は役所の住民課にあります。委任状なしで代理人に出してもらっても大丈夫ですし、郵送でもOK。もし夫の姓に変えていて旧姓に戻りたい場合は、これとは別に「復氏届」も提出してください。


次に②の困った伯父さんのケース。

これまでにも同様のやらかしがあった様子。「もう付き合いきれない」というお気持ちはよく分かります。

ただ自分たちはまだしも、子どもたちに何かあった時、もしかしたら助けてくれるのは親戚かもしれません。縁切りにはちょっと躊躇《ちゅうちょ》も伴うでしょう。

まず、厳粛な葬儀の場で非常識な行動を取ったのはあちらですから、お詫びに対してお礼を言う必要なんてないでしょう。放っておけばよいのです。

でも「受け取り拒否」まで進むと、経緯を知っているはずなのに「そこまでしなくても」などと言い出す人が出るのが親戚付き合いの厄介なところです。

ただ、お詫びされたから許すかどうかは、あちらに決定権は一切ありません。物は黙って受け取り、人にあげてしまってもいいでしょうし、リサイクルショップの類で売ってしまってもいいんじゃないでしょうか。

もし、さらに一歩踏み込んで怒りを表明するなら、「お詫びと同等の品を送り返す」。現金なら同額の商品券を送る。

そうすると外見からは礼を失しておらず、それでいて当の相手にだけは「受け入れる気はない」とはっきり伝えることになります。


最後に③の小姑さん。

客観的に見て、これって嫉妬ですよね。

大好きなお兄ちゃんを取られた！　本当の娘は私なのに、お母さんが知らない女を大切にしている！　気に入らない！　という感情です。

ただ義理のご両親にとっては大切な娘ですから、ここで小姑さんだけを無視する、排除するという行動に出てはいけません。

まず気をつけておきたいのは、必要以上の敵対関係を作らないこと。その第一、夫に小姑の悪口を言うのはやめましょう。

お話によると、夫に戦う意思はないようですから、ここで判断をまちがえて夫に背中から撃たれたのでは、たまったものじゃありません。

大体こういう問題の解決は、えてして男は不得手です。勝手な行動をとって、かえってこじらせてしまうことがしばしばです。

ですから小姑さんに対しては、何を言われても「なるほど」「ホントそうですね～」といった調子で同意し、しかし行動は一切伴わないという路線でいきましょう。

家族の中であなたが新参者なのは事実ですから、基本的には下手に出て張り合わないようにします。

小姑さんの目の前で夫とイチャイチャしたりするのは悪手です。嫉妬であれば、その火に油をそそぐだけです。実家では仲よくしすぎないよう、夫婦で前もって話し合っておくくらいでいいでしょう。

ただ家事でのいちゃもんについては「○○さんに叱られてしまいました」といちいち姑さんに報告し、その上で夫に「妹さんに叱られるからアンタがやって」と押しつける。またはと「見てるだけでいいからそこにいて」とそばに置いておく。

まともな家なら「娘が嫁に対して異常な行動を取っている」と気づきますし、あるいは「息子もちゃんと嫁に協力して感心」となる可能性もあります。

あなたの知らない話題を話し出すのであれば、最初の数分はフンフンと頷きますが、そのうちによそ見でも始めて、明らかに「聞いてない態度」で構いません。普段はしない夫の衣服の破れを繕うといった「別の仕事」を始めてもよいでしょう。ただ、スマホいじりは世代的にご両親が不快になる可能性があるので避けます。

ここもまともな方々なら「知らない話題なんだから、いくら解説されても面白いはずがない」と気づいて別の話題に入るはずです。

もし小姑さんの行動がうっとおしいだけで、仲よくしてやってもいい、くらいの気持ちであれば「あなたのお兄ちゃんのことを教えてほしい」と歩み寄ってみるのもひとつの手ですよ。

温故知新　其の八

離縁を叶えてくれる女神たち②

◉瀬織津姫《せおりつひめ》

大祓詞《おおはらえのことば》や日本神話に登場する四柱の祓戸大神《はらえどのおおかみ》たちの一神。四柱のうち少なくとも三柱は女神です（気吹戸《いぶきど》神は性別不明）。この神々は黄泉《よみ》の国から逃げ帰った伊弉諾尊《いざなぎのみこと》が海水で禊《みそぎ》をした時に生まれた神々です。

瀬織津姫は、根の国や現世の禍事《まがごと》・罪・穢れを「速川《はやかわ》の瀬に座《ま》す瀬織津姫と云う神、大海原に持ち出でなむ」という具合に、最初に海まで運んでくれる女神です。

その後、運ばれた禍事・罪・穢れはどうなったかというと、

↓河口や海の底で待ち構えている速開都姫《はやあきつひめ》が呑み込み

↓気吹戸（神が息を吹き放って罪穢れを祓う出入り口）に座す気吹戸主神《いぶきどぬしのかみ》が強風を起こして吹き払い

↓根の国・底の国に座す速佐須良姫《はやさすらひめ》が、それらの禍事・罪・穢れを持ち去って消してし

まうというシステムになっています。つまり、これら四柱の神々のリレー、共同作業によって罪穢れは完璧に消失することになります。

神主がお祓いの時にサッサッと振ってくれるヒラヒラした細い紙の束を大幣《おおぬさ》といいますが、祓詞《はらえことば》によってここに上記の祓戸大神たちをお招きし、乗り移らせているのです。

つまり瀬織津姫は離縁を願う人の悩み事を解決するために、最初にそれを取り上げてくださる女神というわけです。

◉磐長姫《いわながひめ》（石長姫）

美しさで有名な木花開耶姫《このはなさくやひめ》の姉。妹に比べると知名度は低いが、共に富士山の祭神です。天孫降臨を遂げた瓊瓊杵尊《ににぎのみこと》が美しい木花開耶姫を娶《めと》るが、この時、彼女の父である大山祇神《おおやまつみのかみ》が姉の磐長姫をセットで嫁がせます。しかし磐長姫は容姿が岩のように醜かったため、瓊瓊杵尊に追い返されてしまいました。

実は磐長姫は岩のように永遠の生命を保ち人々に長寿をもたらす女神でしたから、その姫を追い返したせいで、神である天皇にも人々と同じように寿命が出来てしまったのだといわれています。

その姫がどうして離縁の神さまになったかというと、当然、早々に離縁された経験を持つからと考えられがちですが、それでは直接的で短絡的すぎます。そうではなく、つらい思いをする女性の気持ちをよく分かって下さる女神だから、と解釈したほうが、離縁の願いも通じることと思われます。

第六天（大六天）

もともとは魔王とまで呼ばれた仏尊でしたが、今は天神として神社に祀られている場合も多くあります。織田信長や黒龍に比定されるため、男尊のイメージがありますが、密教金剛界曼荼羅に描かれた姿は手に弓矢を持つ女尊であり、それぞれ手に蓮の蕾《つぼみ》を持つ従者を左右に従えています。魔王とは似ても似つかぬ姿です。

第六天とは、欲界六天（欲天）の最上階（第六天）に住む「他化自在天」のことで「この天は、他の所化を奪い、自ら娯楽を事とするが故に、この名に呼ばる」と、般若心経の注釈書である『智度論』にあります。

つまり、以下は人間の勝手な解釈が入りますが、第六天は他人（人間）の快楽を自分の快楽とする仏尊であり、人間たちのさまざまな欲望・願いを叶え、男女の交淫までも自在に操り、それを自分の楽しみにしているのだとされました。そのため人々が仏道の修行に入ることを邪魔するようになりました。なぜならば人が仏道に目覚めると快楽を求めなくなり、その結果、自分が困るという理屈です。それで、仏尊でありながら仏教の布教を妨げる仏敵となり、これが魔王と呼ばれる所以《ゆえん》ですが、江戸時代には庶民から大いにもて囃された仏尊なのです。

　そのような仏尊は、明治政府からは当然「怪しい仏尊」として排除されることになります。そこで庶民は知恵を絞り「第六天は仏尊ではなく、神世七代《かみのよななよ》の第六代、面足尊《おもたるのみこと》と惶根尊《かしこねのみこと》の夫婦神のことである」ということにしてしまいました。ちなみに第七代は伊弉諾尊《いざなぎのみこと》と伊弉冉尊《いざなみのみこと》です。ほかにもさまざまな神に解釈され、神社に祀られるようになったのです。

武蔵野第六天神社絵馬

　このように第六天とは、まことに不思議な経歴を持つ神なのですが、その変身の過程は忘れられてしまいました。しかし「離縁」のご利益は今でも一部で生き残り、多くの悩める人を救っているのです。（第六天の神木、板橋の「縁切り榎」については別項コラム「温故知新 其の六」を参照）

★★★★★★★☆☆☆ 縁切りの技術7 ― SNS

ケース① 気が合わない元友人

中学校時代からの友人のことで悩んでいます。

高校まで地元にいたのでちょくちょく会っていましたが、大学で上京してからはたまの帰省時に会うくらいになりました。

それからお互いに結婚、向こうも地元を離れ、会うことも完全になくなっています。ただSNSではずっとつながっています。

そこでだんだん分かってきたのは、友人はSNS上で親しい人への陰口を書いたり、また時事的な話題への感想で差別的な言葉を吐いたり、社会的弱者に対する横暴な言動が多かったりということでした。

はっきり言って、SNSだけを見ると「絶対に友達になりたくない人」になっていたのです。

悩ましいのは最近、そんな友人から頻繁に連絡が来ること。

大抵はどうでもいい日常の話題ですが、「帰省のタイミングを合わせないか」とか「遠方の観光地に両方の家族で行きたい」とか言ってくるので困っています。

ケース② ネットいじめ

中学二年生の娘をもつ母親です。

最近、娘がふさぎこむ様子で集中力がなく、持たせているスマホの画面を極端に隠すようになりました。着信音を無音にして、私がたまたま着信に気づいても絶対に出ようとしません。

最初は「これが思春期というものかな」とのんびり考えていたのですが、夫に調べてもらったところ、毎月の通信量が極端に増えていたのです。

これはおかしいと気づき「程度の悪い人と付き合っているのでは」と心配になって何度も問いただしたところ、ネットいじめに遭っていると分かりました。

主な場はクラスメート同士のＬＩＮＥグループのようでした。

ちょっとした悪口程度だと予想していたら、胸がむかつくほどの屈辱的な内容をよってたかって投げつけられており、娘の前にもかかわらず泣いてしまいました。

結局、思い詰めた顔をして学校に行くくらいなら、と今は学校を休ませています。娘は、私にバレたことである意味ほっとしているようで、スマホは私が預かっています。

つとめて冷静でいようとは思いますが、このままでいいのかとも悩みます。

ケース③　プライバシー侵害、誹謗中傷

SNSでのプライバシー攻撃に悩んでいます。

ここ一年ほど、フェミニズムに賛同する投稿をいくつかのSNSで行なったところ、男性と思われる多数のアカウントから執拗に攻撃されるようになりました。

「おまえが死ぬまでやめない」「嘘つき」「みんなおまえを嫌っている」などの言葉を複数から毎日投げつけられています。

私は女性として主張したいことがあるだけで、男性を敵だなんて思っていません。

知人の「気にしなければいい」というアドバイスに従っていますが、だんだん自分でもまいってきているのが分かります。

中には、私がコメントしたこともない痴漢冤罪《えんざい》で自殺された方の例を持ち出し、「おまえのような人間が人を殺す」といった根拠のない中傷もありました。

今は消去していますが、当初は顔写真や自宅周辺の出来事も投稿していたため、個人情報を特定されているのではないかと、外出するのが怖くて仕方ありません。

つい「私が死ねば解決するのかな」という思いがよぎってしまう瞬間もあります。

お答え

このご時世、人と一番接触するのがSNSという方も多いようです。

またその種類もフェイスブック（メタ）、ライン、インスタグラム、ツイッター、ミクシィなど複数あります。

そのため①のケースで考えると、複数でつながっている可能性もあり、いきなり全部ブロックするのは、ちょっと勇気が必要ですね。

まずひとつは、SNS上の接触を減らしていく方法です。「いいね」などのリアクションをしないことを徹底しましょう。

相手の性格によっては「他の人には『いいね』しているのに、私の投稿にはしないのか」

などと、わざわざ調べる人がいるのも事実です。

しかし、ある程度は「嫌われる勇気」も必要です。

人は「日常的に触れているものに似る」とよく言います。あなたが見たくないのは、それがあなたに悪影響を与えるものだからです。そう思うと、遠ざけたいというのは自分の心を守る大切な手段なのです。決して友人への意地悪ではありません。

直接メッセージやコメントが来ても、わざと返事を遅らせる。その返事も必要最低限まで削って、フェードアウトを狙いましょう。

もうひとつは、ズバッと「友達解除」「ブロック」してしまう方法です。もし尋ねられたら曖昧に「SNSでちょっと嫌な思いをしたので、一度リセットすることにした」とでも言いましょう。「スマホをなくして一時的にガラケーに戻している。SNSを見るのが面倒だから、全部消した」とか。そして「今は家のことでバタバタしているから、また落ち着いたら連絡する」とでも言って、一切の返事も絶つ。

SNSで「痛い発言」をするのは、一定数の人がかかる病気のようなものです。

その間はすーっと遠ざかりましょう。もしあなたに一抹の罪悪感が残るようでしたら、「永遠にお別れするわけじゃなくて、今は気が合わなくなっている。姿を消すのがお互いのため」と割り切りましょう。

次に②のケースです。

娘さんを無理に学校に向かわせず、まずは安全な状態におかれたとのことでホッとしました。何より素晴らしいのは、スマホを預かっているところです。

学校のいじめで最悪のケースは、子どもが自死を選んでしまうこと。

ネットいじめの時代になってから、子どもが極限まで追い詰められる時間が短くなっているといわれます。なぜなら帰宅しても「いじめ」が止まらないため、眠る時間以外はずっと攻撃されている状況になってしまうからです。

残念ながら、我が国は学校でいじめが発生しても加害者を排除せず、被害者が泣き寝入りするしかないのが実情です。

そこで大切なのは、引っ越しや転校などでいじめの環境から脱出する、あるいは加害者と戦う、そのどちらであっても、親が「徹底的に寄り添う態度」を子どもにしっかりと見せることだと思います。

もし戦うことを選択されるなら、まずは該当する投稿とユーザーＩＤなどが見える画面を記録し、加害者を特定する証拠を残してください。

いじめは暴行罪（殴る、蹴る）、窃盗罪・器物損壊罪（物を奪う、壊す）、侮辱罪・名誉毀損罪・脅迫罪（誹謗中傷、脅しなど）、強要罪（嫌がることを強いる）などに該当する場合がほとんどです。証拠を保全したら、臆することなく最寄りの警察へ相談してください。

ＬＩＮＥグループなどは、一見、投稿者が特定できないように見えるかもしれません。しかし実はインターネットの仕組み上、よほどのことがなければ投稿者は特定できます。警察ならなおのこと。

ともあれ警察に相談した実績を作り、その上で学校に連絡するのです。

学校の出方次第で「次の手があるぞ」という精神的な支えがあれば、交渉への心構えも変わってくるでしょう。ですから警察に相談済みであることは、最初から言わずに「二の矢」として取っておいても構いません。

学校に対して求めるべきことは、問題解決に向けての期限設定です。子どもにとって大切な一〇代という時間は無限ではないからです。

もしここで、学校に信頼できる先生がおられるならよいと思いますが、逆に「これではダメだ」と感じたら、弁護士事務所を訪ねてください。

ホームページでいじめ問題の法的解決を掲げる弁護士さんはたくさんいます。いきなり法的手段といかずとも、状況を整理し、どのような対策を取れるかアドバイスしてくれるでしょう。

最近は弁護士も競争が激しく、多くの法律事務所で「初回相談無料」をアピールしています。ただ弁護士によって得意分野はかなり異なりますので、解決してほしい問題について述べている事務所を探してください。無料なのですから、セカンドオピニオンとして複数に相談するのもよいかと思います。

また法制度全般について、問題解決に役立つ制度や手続き、相談窓口を無料案内するのが「法テラス（日本司法支援センター）」です。全国各地に事務所や支部・出張所があり、電話やメールでの対応も行なっています。

ご本人の収入が一定額以下などの条件がありますが、まずはこちらを利用されるとよいでしょう。

③のケース。

SNSの発達でいろんな人と交流できるようになったのはよいことですが、それは同時に「普段かかわらない人と接触すること」でもありますよね。

「女性が主張する」ということ自体に反発する人もいます。しかし本人に直接言えないことをネット上なら投げつけてよい、なんてことはありません。

警察庁の資料によると、平成三〇年の時点ですでに、サイバー犯罪に関する相談が一二万件以上あり、うち名誉毀損・誹謗中傷が一万件以上。

法律事務所のホームページなどを調べると、対抗手段として誹謗中傷の投稿を削除させること、または加害者を特定して訴えることが書かれています。

一度相談されてみるのもひとつの手ではありますが、現状では高いハードルがあるのも事実です。

投稿削除の手続きは法的なガイドラインによって定められていますので、サイト管理者やサーバ会社に依頼しましょう。

しかし相手が「表現の自由」を盾に、なかなか応じてくれない場合もあります。そうなると裁判に訴えるしかありません。

この処分は通常の手続きで数カ月から一年以上、担保金を供託する仮処分で一〜二カ月ほどかかるようです。費用は裁判所への印紙代や担保金、また弁護士費用などを考慮すると三〇〜四〇万円といったところでしょうか。

そういうわけで、すぐに出来ることを……。

ツイッターであれば「鍵アカウント」にして、投稿の公開範囲をフォロワーのみに絞るといった措置を行ないましょう。

またはインスタグラムのように、コメントが他者から丸見えになるＳＮＳへ乗り換えれば、相手も書きづらくなりますし、コメントの削除も容易です。

温故知新　其の九

オリジナル「縁切り絵馬」を作る

神さまに祈願をする時、手製の絵馬を奉納しましょう。絵馬は神さまに喜んでいただくための強力なツールです。何も既製のものでなくてよいのです。

素材は板でも紙でも構いません。絵馬の形も四角、屋根型（ホームベースの横長型）、丸形、どんな形状でも構いません。絵だって何も本格的な「泥絵の具」でなくても、マジックやカラーペン、水彩用絵の具、クレヨンなどで構いません。決してうまくなくてもよいのです。素朴でも「心がこもって」いれば神さまに願いは通じます。

ここでは昔から「縁切り」の祈願に使われた絵馬のパターンをいくつかご紹介します。これらを参考に、ぜひ絵馬作りにチャレンジしてください。

ただ、最近の絵馬はプライバシー保護の関係から願文の上に紙を貼っている場合が多いのですが、それでも神さまには十分に通じるでしょう。

◉心に鍵

神さまにお願いをする上で「私も〇〇を絶ちますので、どうぞ願いを叶えてください」という意味で、モノの絵や文字に鍵を掛けるパターンです。「心」に鍵を掛けてあるのは「決して心変わりしません」という決意を表しています。他にも「酒」「男」「女」「菓子」などや「タバコや煙管」「サイコロや花札」などに鍵を掛ける例も見られます。

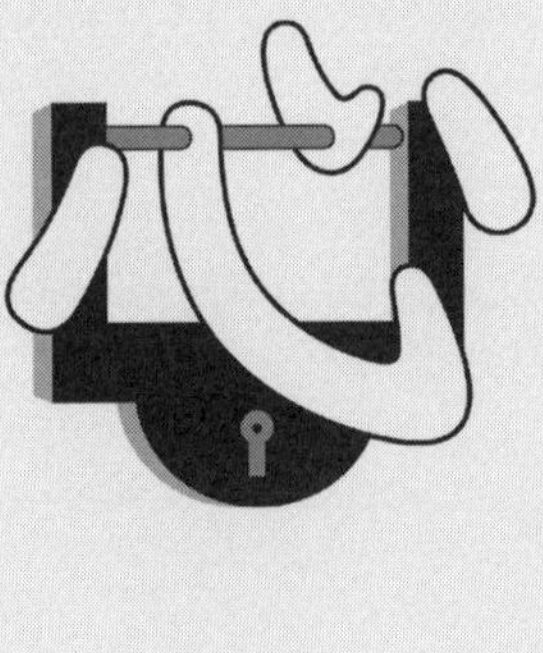

◉円切り（縁切り）

これは「縁」を「円」とした掛詞《かけことば》を判じ絵にしたものです。赤い紐で結んだ円がボロボロと崩れているところはデザイン的には新しいようですが、面白い手法自体は伝統的なものです。逆に、これがちゃんとした円だと「縁結び」になるわけです。神さまにダジャレを奉納するという日本人独特のユーモアは伝統的なのです。

◉違い鎌、違い爽剪《はさみ》

「違い○○」というデザインはモノが交差した（向き合っているモノも含む）デザインで、家紋や紋章などにも見られるパターンです。「聖天さま」の神紋で有名な「違い大根」や「違い茗荷」「違い矢」など、さまざまあります。

もちろん下の鎌やはさみ（糸切りはさみ）は縁を「切る」ツールとして象徴的に描かれているのですが、この「違い」になっているところが重要なポイント。

神さまに「これでバッサリ、スッキリとお願いします」と念じながら奉納するといいでしょう。

もちろん男女間だけでなく「○○絶ち」に関するあらゆるモノ、たとえば貧乏や病気などにもご利益があります。

ただ、神さまに分かりやすい願文を書いておく必要があります。

◉背中合わせ

これも縁切り絵馬としては男女が背中合わせに描かれるという、誰にでも分かるトラディショナルなデザイン。この絵の男女は現代的な格好をしていますが、かつてのものは和服姿でした。祈っている姿の絵もあります。

男女の縁切りはもちろんですが、昔は徴兵、盗人、子どもの疳の虫、酒、ギャンブル、浮気など絶ちたいもの一切にご利益があるとされました。その場合は名前や祈念の事柄などを書き込むことが重要です。

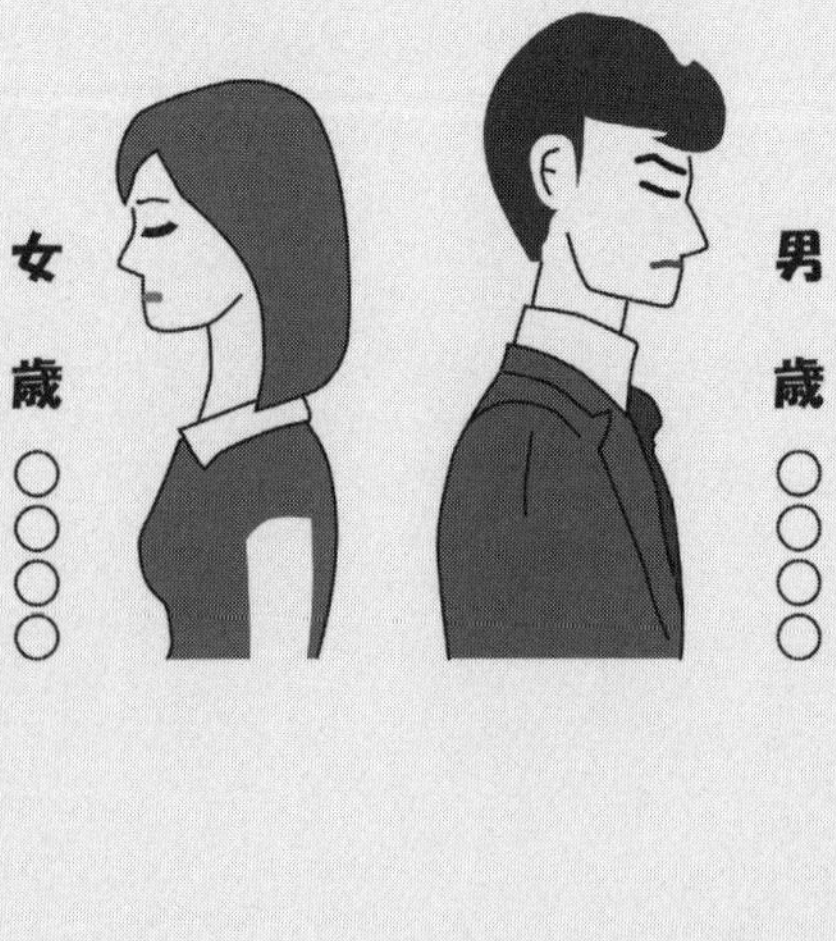

★★★★★★★★★★

縁切りの技術８ ― 男と女

ケース① ストーカー

二四歳の会社員です。

大学では同じ地方上京組だった彼とつき合っていましたが、就職一年ほどで会う機会がなくなり、正式に別れました。

向こうからも「会いたい」という意思表示はなく、お互いに忙しい時間をやりくりしてまで会う気がなくなったんだと納得していました。

ところが一カ月ほどたってから無言電話が始まりました。さらにポストに「最近元気ないね」「好きな人が出来た？」などと書かれた一言メモが入るようになりました。怖くなって元彼に確認したところ、「そんなこと、しない」ときつい口調で言われました。

しかしその後も、外に出ると誰かに見られている感覚があります。周囲に気を付けるようになりましたが、怪しい人物は見つかりませんでした。

そんなある日、友人と出かけたところ「あなたのことをずっと見てるオジサンがいる」と言われました。急いで友人の示す方角を見ましたが、人混みに隠れたのか、誰を指しているのか分からずじまい。

会社では先輩の男性が「どうしたの？　悩みがあるなら聞くよ」と言ってくださり、少しずつ出来事を相談していたのですが、「きみの家を見に行ってあげようか」などと言われるうちに「実はこの人がストーカーなんじゃ？」という疑念まで湧いてきました。

両親に話したところ、すぐに最寄りの警察に相談することになりましたが、「現状では何も出来ません。何かあったら、あらためて来てください」とのことでした。

両親は「何かあったら遅いんだよ！」と激怒していましたが、警察としてはそれが限界なのかもしれません。

でも両親の言う通りで、何かがあってからでは困るんです。正体の分からない人と縁を切る方法って、あるんでしょうか。

ケース②　会社の上司との不倫関係

二〇代の会社員です。一年前から会社の上司と不倫関係になりました。

同じ社内に奥さまがいらっしゃるのは分かっていたのですが、部署の飲み会で打ち解けるようになり、思いのほか楽しくて安心感を抱きました。

残業の後、帰る方角が同じこともあり、何度か一緒に駅へ向かううちに「一軒だけ」という上司の誘いを断らず、ついて行ってしまいました。その勢いでホテルに入ったのが始まりです。

もちろん理性では「こんなことを続けていてはダメだ」と分かっており、また奥さまは私も知っている先輩であり、とてつもない罪悪感に囚われるのですが、会うのをやめられませんでした。

そんなある日、同僚から「アンタら、デキてるでしょ?」と言われました。

少しでもおかしな行動をしたら奥さまにバレると思い、社内では徹底的に隠していたつもりでした。ところが聞いてみると「バレバレだよ。がんばって隠しているつもりなんだろうけど、有給休暇がかぶってるじゃん。またかって、みんな呆れてる。小洒落たお店でふたりっきりでいたでしょ。同じ課の人が見たって」と。

血の気の引く思いで、このままでは奥さまの耳に入るのも時間の問題、と一大決心で上司に別れを告げました。

ところが少しの抵抗は覚悟していたものの、予想を超えてしつこく毎回引き留められています。最近は社内でも距離感のおかしな行動を取るようになり、本気で困っています。

会社を辞めるのは嫌だし、うまく離れる方法はないでしょうか？

お答え

ストーカー被害には、いつ何時最悪の事態が起きてしまうか予想がつかない怖さがあります。①のケースでは、すぐに出来る対策として、以下のことを行なってください。
(1)単独行動を控える……外出の際は、人通りの多い道を選ぶ。出来るだけ家族や知人に付き添ってもらう。いずれも難しい場合はタクシーを使う。
(2)いつでも助けを求められる状態にする……防犯ブザー、携帯電話を常時携帯してください。
(3)個人情報を他人が見る可能性を排除する……郵便物は家族など信用できる方へ転送する。難しい場合は郵便ポストに鍵をつける。個人情報が載っている書類は裁断してから廃棄する。ネット上に自分の名前や住所を出さないようにする。ＳＮＳでは行動パターンを推測されたり、プライベートが映り込んだ写真を絶対に投稿しない。
またストーカーについては、大きく以下の四つに分類できるといわれています。
(1)親密追求型……「あなたと親密になりたい」という気持ちが強く、勝手に理想や要求を積み上げたあげく、「こんなに思ってやっているのに、なぜ受け入れないのか」といった復讐心へと思いを歪めていきます。
(2)無資格型……あなたを高圧的に支配できる存在だと考えています。そのためあなたが要求に応えないなら、どんな手段を使ってもよいと考えるようになります。
(3)憎悪型……親密になりたいのではなく、あなたに憎しみを強く抱いています。実はあなた自身をよく知らない場合もあります。つまりストレスの発散として、たまたま弱そうに見えた人をターゲットにするものです。
(4)拒絶型……あなたから交際などを拒絶されたことを「ありえない」と考え、「なんとしても以前の状態に戻す」あるいは「拒絶されたことが許せない」と考えます。
いずれも共通するのは、あなたの立場になって物事を考えることなど出来ない、ということです。

そんな自分本位な人間と話し合いが出来るとは思わないでください。

客観性のなさは、常識のなさに通じるからです。「常識的に考えてこんなことはしないだろう」「そのうちやめてくれるかも」という楽観的な見方はやめましょう。

まず警察にご相談されても動いてくれず無駄だったとのことですが、動いてもらう方法を考えてみます。

(1) 証拠を保管する

警察には日々いろんな相談が持ち込まれます。中には「人を陥れようと被害を捏造《ねつぞう》する輩《やから》」もいます。ですから、まともな証拠がないと動きようがないのです。

まず緊急性の高い深刻な被害がある場合は「警察総合相談電話番号 #9110（携帯電話可）」へ通報するよう、警察がアナウンスしています。

つきまといの被害については「日時、場所、状況等をノート等に記録する」「ストーカーからの手紙その他の送付物、FAXなど、着信履歴、メール、留守番電話の録音内容などは破棄せず残す」「ストーカーからの電話は録音する」「その他カメラやビデオで撮影する」ことで証拠を保管するといいようです。

(2) 被害届を出す

証拠を集めて最寄りの警察に被害届を受理してもらえば、警察はストーカー規制法4条に基づいて「警告」措置を行なってくれるようになります。

電話やネットは発信元を追跡できますから、ストーカーに警告書を交付したり、あるいは口頭でやめなさいと言うわけです。

さらに深刻な場合は、ストーカー規制法5条に基づく禁止命令等へと進みます。こちらは罰則が設けられていますが、効力は命令が出されてから一年です。

また警察は「110番緊急通報登録システム」を設置しています。これはあなたの申し出に従って氏名・電話番号・住所などを登録すると、110番通報で即座に相談内容が照会されるというもので、警察官の現場到着時間の短縮につながります。

ほかにも、緊急避難として二泊以内（場合によって延長）ですが、ストーカー被害者を公費負担でホテルなどに移す制度もあります。

しかし証拠が弱い、少ないなどで犯罪性が認められず、警察が動かない事態も考えられます。

そうなれば自宅を一時的に捨てて自分を守る必要があるかもしれません。その時には以下のものを持って家を出ることが出来れば安心です（切迫した事態であれば、持ち物より逃げることを優先してください）。

・現金、クレジットカード
・身分証明（免許証、保険証、パスポートなど）
・預金通帳、印鑑
・財産証明書類（不動産登記簿など）
・ストーキング被害の証拠となるメモや日記など
・数日分の下着、服
・常備薬など

ストーカーの中には、あなたとの接点を失うことで逆上するタイプもいます。必ず行動の前後で警察に相談してください。

短期決戦で警察を動かすには、弁護士に相談するのが一番速いでしょう。またストーカー被害専門のＮＰＯ団体も存在します。

次に②の不倫されているケースです。

男女の仲を一方的に終わらせようとしても、きれいに終わらせるのは難しいものです。

真っ当なカップルなら正式に別れてけじめをつけるのもいいですが、不倫している男女がうまく別れるコツのひとつに「別れ話をしないこと」があります。

ポイントは挨拶や会話はこれまで通りに続け、それでいて二人きりになる時間を一切作らないことです。

基本姿勢は「あなたのことは嫌いじゃない、でも不倫関係は続けられない」

無視したり音信不通にしたり、ということはしません。連絡があれば対応します。しかし「会いたい」と言われたら「会えない」

ほかに好きな人が出来たといったような、下手に逆上させる要素は避けましょう。

もちろん、彼はなかなか納得しないかもしれません。

しかし既婚者として身を縛られているのは彼であって、あなたではありません。人に言えない関係を続けるのはスリリングですが、あなた自身の新たな出会いを遠ざけることでもあります。「このままではいけない」「終わらせよう」と思うなら、あなたから動きましょう。動いてしまえば気持ちも変化します。

それでも彼がしつこく追いすがってくるなら、彼が「引いてしまう」ようなウソをつく手もあります。

一種の偏見かもしれませんが、既婚男性がリスクをおかしてでも不倫を続けたがるのは、相手女性の肉体に執着するからです。ということは、肉体関係が続けられないウソをつけばよいのです。

彼の性格に応じて戦法を変える必要がありますが、ひとつは「性病にかかった」というもの。性病には男性が無症状なのに、女性には腹膜炎などの症状を引き起こすものがあります。これを言われて焦らない不倫男はいません。妻にうつしてしまっていたら、危険な遊びが露見するのは避けられません。

ほかには「子宮に病気が見つかったから、治療に専念しなくちゃいけない、だからもうセックスは出来ないけどいいかしら」とか。

そして不倫男をもっとも震え上がらせるウソは「できちゃったかも」です。「産みたいと思ってる」と添えれば、動揺は最高潮に達するでしょう。

彼を試す気なら、これ以上の試験紙はありませんね。あなたを失望させる、あるいはしっかり恋心を冷めさせてくれる態度をとる可能性が高いと思いますが……。

こうしたウソはちょっとひどいと感じるかもしれませんが、お相手は毎日奥様にウソをついているようなものです。それに比べれば、あなたのウソは自分を守る「ついていいウソ」なのだと割り切ってください。

温故知新　其の一〇

離縁・離婚の歴史①

◉記紀における最古の夫婦喧嘩と離縁

おそらく、我々が知る限りで日本最古の夫婦喧嘩・縁切りトラブルは、記紀に書かれた伊弉諾尊《いざなぎのみこと》と伊弉冉尊《いざなみのみこと》に関する一件でしょう。二人で協力しながら日本の国土を次々と産みますが、最後に迦具土神《かぐつちのかみ》（火の神）を生んだ結果、伊弉冉は黄泉の国（根の国）に旅立ちます。

夫の伊弉諾は未練一杯で妻を追いかけますが、そこで見た妻は、膿《うみ》と蛆《うじ》にまみれた変わり果てた姿でした。恐れをなした伊弉諾は逃げ出します。しかし見ないでくれという約束を違えられ、恥をかかされた伊弉冉をはじめとする多くの黄泉醜女《よもつしこめ》（八人の鬼女）あるいは雷たちに追われ、必死の思いで黄泉の国と地上の境である比良坂にたどり着きます。

そこで伊弉諾は千引きの岩、つまり大岩を引きずって坂道を塞ぎ、追いついた伊弉冉に向かい、縁切りの言葉を述べます。つまり「これ限りで夫婦の契りを解く」ことを妻に伝えたのです。この時、約束事を固める意味で伊弉諾は唾を吐きますが、そこから生まれたのが速玉男尊《はやたまのおのみこと》です（日本書紀のみに記載）。すると伊弉冉は「いとしい我が背の君よ、あなたがそのようなつもりなら、あなたの国の人々を一日に千人ずつ絞め殺してあげましょう」と言ったので、伊弉諾は「いとしい我が妻よ、それならば私は一日に千五百の産屋を建てて子どもを産ませよう」と言い返しました。すごいやり取りです。

　その後伊弉諾が筑紫（九州）の日向に至って禊をした時に生まれた神々の一柱が瀬織津姫（69頁参照）で、彼女は罪汚れを捨て去る神の一柱です。

　いずれにせよ、痴話喧嘩のような夫婦の言い争いと笑ってはいられません。人

伊弉諾尊と伊弉冉尊：筑波山神社掛け軸より（両皇大神）

類にとっては大変な出来事です。おかげで人口が増える一方、コロナをはじめとするさまざまな疫病が地上にはびこっているわけで、これも黄泉の国の鬼女たちの企みかもしれません。

◉宣教師の見た戦国時代の日本女性

戦国時代の日本に三五年間いたイエズス会の宣教師ルイス・フロイスが祖国へ報告書として送った『フロイスの日本覚書き』の中で、日本女性について書いている部分があります。そこに書かれた内容は驚くべきもので、日本の女性の立場は男性に比べて、悲惨さなど微塵も感じられないものでした。

1　日本の女性は処女の純潔を何ら重んじない。それを欠いても、栄誉も結婚する資格も失うことはない。

2　日本では夫婦それぞれが自分の財産・分け前を所有しており、時には妻が夫へ高利で貸し付けをする。

3　日本の妻は、望みのまま何度でも離別する。彼女たちはそれによって名誉も再婚の権利も失うことはない。

4　日本では、しばしば妻たちのほうから夫を離別する。
5　日本の女性は夫に断らず、両親に相談することもなく、自由に行きたいところへ行く。
6　日本では妻が夫の前を歩く。
7　日本の女性はよく酒を呑み、特に祭礼においては酩酊するまで飲む。

多少は祖国の連中を喜ばせようというサービスも入っているかもしれません。しかし本来、日本の女性が開放的で活発、案外したたかだったことは、あまり表には出ないけれど、民俗学的には知られていました。特に祭礼時などは男女の交歓が自由になされ、夫婦共にそれを黙認していたことも知られています。また夜這いの習慣も広く知られ、庶民は性に関しては開放的でした。

では武家の場合も同じだったのか、よく知られるように、女性が政略結婚のツールとして利用されていた事実はなかったのでしょうか。

戦国時代には各大名家それぞれの法律が制定されていましたが、離婚に関する訴訟や判決例も多くありました。つまり決して女性が一方的に泣き寝入りするようなものではなく、妻側に理のある場合は夫が罰せられる場合もあったのです。

親は娘が嫁ぎ先で隷属しないよう、財産・土地を持たせて嫁がせ、妻は実家の大きなバックアップを後ろ盾にしていました。つまり夫にとって妻を失うことは、領地も失うことだったのです。だから政略結婚といっても、私たちが思うような人質的な悲惨さはなかったのです。

とはいえ離縁には、やはり夫からの離婚の証明「暇の支証」が必要でした。もちろん妻からこれを強く求めることも出来ました。これが中世の離婚の作法だったようです。

基本的には夫婦の役割は分担制、つまり外交的な活動は夫だが、家政の総責任から財産管理、家臣の生活の世話などは妻の役目とされました。そのような妻の役割は非常に重要で、「内助の功」などという補助職ではなかったといえます。

実際に戦国時代の教訓書『世鏡抄』では、妻に「夫としての務めを果たさず、他所に女を作り、妻を追い出そうと

北斎漫画より

するような夫は打ち捨てて、もっとよい男と再婚せよ」とか「尼になると言って恥をかかせよ」などとアドバイスしているのです。決して女性は一方的に弱い存在ではなかったということです。

要するに、砕けた言い方ですが、昔から「メンツさえ立てておけば」男性は女性の手の平で操られていた、と言っても過言ではないということですね。

＊参考：ＮＨＫカルチャーアワー「戦国騒乱の群像」舘鼻誠（２００５）

★★★★★★★★★☆
縁切りの技術9　夫婦

ケース①　DV

夫婦で共働き。小学生の子どもが一人います。

夫は交際中はおとなしく、優しくて気配りがあると感じていました。ところが最近、夫の言動が急変しました。

最初は「機嫌が悪いのか」「仕事の悩みがあるのかも」と思っていましたが、暴言を吐くようになり、対等な会話が成立しなくなりました。殴られそう蹴られそうになる時もあります。今は私の行動にいちいちケチをつけ、ろくに生活費も入れてくれません。

共通の友人に相談しても「まさかあいつが」と信じてもらえず、「ちゃんと向き合って話し合え」とアドバイスされてしまう始末。夫の内外での態度が違いすぎて、だんだん「すべては私の被害妄想で、ノイローゼにでもなっているのだろうか」と悩んでいます。

私の両親からも夫の評価はとても高く、「話しても信じてもらえないかもしれない」と感じています。

また、もし離婚できたとしても、将来の子どもの就職などに親の離婚が影響しないか心配です。

ケース② 借金、性格（価値観）の不一致

妻の浪費癖に悩んでいます。

彼女は誰もが振り向く美人で、私にとって「自慢の彼女」でした。結婚して一緒に住むようになってからですが、それまでとまったく違う面を見せられて、びっくりしています。最初は「あんなバッグ、以前からあったかな？」と思う程度でしたが、さまざまな物が増えていくペースが尋常ではありません。

一度注意したところ、「私の稼ぎで買っている。お互いに生活費をどれだけ出し合うかは結婚前に決めたし、文句を言われる筋合いはない」と言われました。

しかししばらくして、彼女が隠れて借金していることが判明しました。総額三〇〇万円ほどで、がんばって返せない金額ではありません。しかし彼女には反省

の色がなく、これからも浪費が続くのだろうと思うと、一気に冷めたというか、好きだった気持ちが消え去ってしまいました。この程度で別れるのは可能でしょうか。

ケース③　親の介護問題

現在、夫の両親を引き取り同居している六〇代の主婦です。

もともと姑さんと仲がよいわけでもなく、お舅さんとはあまり接する機会もなかったのですが、お舅さんが足を骨折して寝たきりになってしまい、なし崩しに同居となりました。姑さんの態度が優しかったのは最初だけで、今では居丈高に私を叱りつけます。

夫も多忙を言い訳にして手伝わず、結局すべて私に丸投げ。

あげく姑さんは「あの人は家事を私に押しつけている」など夫に嘘八百を言いつけ、二人そろって私を責め立ててきます。夫の妹もたまに来ては文句を言うだけ言って、お礼のひとつもありません。

とにかく疲れました。別れてもよいものでしょうか。

ケース④　好きな人が出来てしまった

子どもが大学生となって一人暮らしを始めた頃から、私と夫とは家庭内別居となり、自分なりに修復しようと努力はしましたが、夫婦としては破綻したまま五年が過ぎました。心の安らぎを求め、二年ほど前から好きな人が出来てしまいました。いくら結婚生活が成立していないとはいえ、籍は入っているのですから、有責者は自分です。

しかし今の夫に尊敬や信頼といった感情は、もうありません。

現在の彼を選べば、周囲から冷ややかな目で見られることは覚悟しています。子どもは応援してくれないかもしれません。どうすべきでしょうか。

ケース⑤　夫の浮気

大学生と中学生の姉妹を持つ専業主婦です。

夫の二度目の浮気が発覚し、離婚したいと考えています。子どもたちは二人とも「自分の父親が何をしたのか」を察しており、生活面でも精神面でも私の味方です。

ただ下の子の高校の学費、また予備校や私立大学へ進む可能性なども考慮に入れると、子どもの進路で不自由をさせたくなく、「ここまで我慢したのだから」と、今は感情を押し殺しておくべきとも考えています。

私自身は、まともな就労経験もないまま四五歳をすぎており、こっそり就職活動を始めましたが、なかなかよい仕事は見つかりません。

夫はそんな私の現状を知ってか知らずか、「どうせ別れても、まともに暮らせるはずがない」とタカをくくる態度が目につき始めています。

お答え

日本では約三割の夫婦が離婚しているって、ご存じですか。

当然その背後には「もう離婚したい……」と思っているだけの人もいますから、半分くらい、もしかしたらそれ以上の夫や妻が、離婚したいと思っているんでしょうね。「もうこの人とは別れて縁を切りたい」と思うのは、さほど珍しいことではないのです。

法律では、相手が拒んでも強制的に離婚できる理由がきちんと定められています。
○相手が浮気や不倫をしている
○生活費を渡してくれない、理由なく同居を拒否される、頻繁に家出される、虐待されている、理由もなく働かない等
○相手の生死が三年以上不明のまま

○相手が強度の精神病にかかっており、夫婦の義務を果たせる状態にない
他にＤＶ、薬物依存、異常な宗教活動、性の不一致、異常な浪費癖、服役といった状況が想定されています。

①のケースの場合、話し合いで円満離婚できればいいのですが、相手が素直に応じるとは限りません。まずは、これらの理由に該当するものがあれば、その証拠を残しましょう。

ＤＶの場合「外面はよい人」なため、周囲も訴えを認めてくれないという事態が考えられるからです。

スマートフォンには大抵ボイスレコーダーアプリが入っていますから、録音すれば客観的な判断に役立ちます。また日付とともに「何を言われたか、されたか」を筆記するだけでも重要な証拠となります。あなた自身の気持ちの整理にも役立つかもしれません。

もし殴られてアザが出来ているなどすれば、自撮りで写真に残す。あるいは病院で診断書をもらっておくと、何かと役立ちます。

まずは別居して、距離を置いたほうがいいかもしれませんね。親きょうだい、親戚、友人などあてになる方はいますか。

ＤＶ加害者が被害者に近寄らないようにする「保護命令」制度では、結婚相手だけでな

く、事実婚のパートナーや同居生活する交際相手なども対象とされます。

ほかに、被害者等の身辺のつきまといを禁止する、同居している家から一定期間退去するよう命じる、被害者の住民票などから住所を調べられるのを防ぐといった制度もあります。詳しくは弁護士にご相談なさってください。

ただしこれらは、相手が猪突猛進にやってくるのを物理的に止められるわけではないですから、怖いですよね。

ウィークリーマンションなどを借りる方法もありますが、配偶者暴力相談支援センターや警察などに相談すれば、一時保護等の対応をしてくれます。緊急保護を実施している自治体もあります。

離婚した場合の子どもへの影響ですが、現在、就職活動では厚労省がガイドラインを定めており、家族情報を聞いたり戸籍を提出させたりするのはタブー。信用情報で重要なものがあるとしたら、親の離婚歴よりも「本人の借金歴」ではないでしょうか。

面接では家族のことを遠回しに聞かれるかもしれませんが、片親を嫌がる企業なんて「そもそも行かないほうが正解」だと思いますよ。

また一度は一生共に過ごそうと決めた夫婦の縁を切るのですから、とにかく逃げるという選択も大切ですが、その後の人生をよりよいものにする準備もしておくべきだと思います。

子育て中のお子さまがいる場合に限らず、一人で生きるにしても先立つお金が必要です。夫婦になってから築いた財産は夫婦共有であり、財産分与の対象とされます。離婚前の準備として、どの口座にいくら預金があるかなどを把握しておきましょう。別居してからでは確認が難しくなります。

ただし相手の相続遺産は分与の対象ではありませんから、注意してください。逆に言えば、あなたが相続したお金があるなら、それはあなただけの財産です。

また「年金分割」も出来ます。二つの方法があり、ひとつは「3号分割」で、条件に沿って婚姻期間中の厚生年金を二分の一ずつ分け合うもの。もうひとつは「合意分割」で、話し合いまたは裁判手続きによる合意で決めるものです。

これらの詳細については、ファイナンシャルプランナーを利用するといいでしょう。日本FP協会ほか、保険会社などでも全国で無料相談を実施しています。インターネットで検索してみてください。

未成年のお子さまがいる場合は、子どもの権利として養育費を受け取れます。収入状況で養育費の算定は変わります。親権を取れなかった側がお金を出し渋るケースも多いですが、子どもの権利なのですから諦めないでください。

さらに離婚後の養育費とは別に、離婚成立まで別居している場合がありますから、その生活費を請求できる制度もあります。

もし夫がサラリーマンであれば、給与を差し押さえる強制執行を申し立てることも出来ます。

ただ調停から実際に受け取るまでの審判手続きに時間がかかります。それまでは親族などを頼るか、DVシェルターなどを利用するしかありません。

児童扶養手当は、自治体によって「離婚していないと支給しない」ところと「まだ離婚成立していなくても支給する」ところがあります。

ただ、ここをしのいで離婚が成立すれば、シングルマザーに対しては児童扶養手当、児童育成手当、児童手当、母子家庭の住宅手当、医療費助成、保育料の減免など公的な助けはいろいろあります。

何より生活保護を忘れてはなりません。

生活保護と児童扶養手当などは同時に受けることも可能です。生活保護の受給条件は、年齢・性別・国籍・未婚か既婚かなどを問いません。現在、我が国では一〇万世帯ほどの母子家庭が生活保護を受給されているようです。

必要な条件は、売却できる資産がないこと、働けない事情があることなどです。こちらは管轄の福祉事務所へ相談してください。

②のケースですが、借金だけを理由に裁判所が離婚を認めるのは難しいのが現実です。となると、話し合いで決める協議離婚で解決するしかありません。

そこで別居し、夫婦関係が破綻している既成事実を作ってしまいましょう。

ただ、ブランドバッグを買うための借金なら完全に奥さんの自己責任ですが、もし「生活費のため借金した」「夫を保証人にして借金した」となると話が別で、あなたにも責任が及んでしまいます。

ですから、くやしいかもしれませんが、別居中は相手の生活費を支払う必要があるかもしれません。また知らないうちに保証人にされたりしないよう、必要書類はすべて確保しておく、また実印変更などの手続きもしておいたほうがよいかと思います。

③はおつらいですね。

四面楚歌という感じがします。民法では夫婦どちらも、直系親族の介護義務はありません。要するに、介護義務はお互いの実親にしかないということです。

かつては「嫁がやるもの」だったかもしれませんが、だからといって感謝もないのではやっていられません。また最近は、介護者がいい人で責任感があるがゆえに精神的ダメージを受けて「介護うつ」になってしまうという話も、ずいぶん表に出てきています。

要介護者や配偶者の言動が原因で精神的な病を発症してしまった場合には、モラハラを理由に慰謝料を請求できる可能性もあります。

今のところ、日本の裁判所では「義父母の介護」を理由とする離婚は認められないようです。

しかし一方的に介護を押しつけられ、また精神的に追い詰められて「夫婦として対等に協力しあえる関係にない」のであれば話は別だと考えられます。

こちらも証拠集めをしておくと、後の流れがスムーズになると思います。

④のケースは、自分のほうが有責となることで、慰謝料を覚悟しなければなりません。

相場は一〇〇～三〇〇万円程度のようです。これを高いとみるか「そんなものか」と見るかはそれぞれですが、慰謝料を決めるのは「婚姻期間がどれだけあったか」「不貞関係の期間がどれだけあったか」が重要な要素とされています。婚姻期間が長ければ、それだけ夫婦でなくなる影響も大きいと見なされますし、不貞の期間が長ければ悪質と見なされる、ということです。

未成年のお子さまがいれば、会えなくても養育費を払う覚悟もいりますが、すでに独立されているなら、あとは「子どもがそれを許してくれるか」ですよね。

人生はやり直しがききません。「それでも私は新しい人生を歩みたい」という覚悟があるなら、離婚して本当に好きな人と共にいることを選ぶのも、立派な選択だと思います。

最後に⑤のケースです。

もろに「不貞行為」ですね。夫婦はしょせん他人。両者を結んでいるのは信頼関係です。中には浮気されてもすべてを許し、絆を深める夫婦もいるでしょうが、相手が自分を裏切ったなら、どんなに耐えても心は傷ついたままです。

お子さまも大きくなっていれば、家庭の空気は敏感に感じています。ぜひ意見を聞いてあげてください。親がひとり悩んで苦しんだと後で知るのはつらいものです。

ただ離婚したい時、ついやりがちな失敗は「離婚できるならなんでもいい」と相手の主張を丸呑みしてしまうことです。精神的負担とのバランスを取って譲歩するのもアリですが、財産分与、慰謝料、婚姻費用、養育費、年金分割などあらかじめ「この辺だな」というゴールを決めておくことが大事です。

状況によっては「今すぐはまずい」ということもあるでしょう。でも「縁を切る気持ちは固めた。いつでも決行できる。あとはタイミングだけ」と考えておけば、準備を進める心にも余裕が生まれるかもしれません。

縁を切った後のよりよい生活のためにも、使える手段はしっかり使って新しい人生を築いていきましょう。

温故知新　其の十一

離縁・離婚の歴史②
江戸時代の女性の味方？　駆け込み寺と離縁状

駆け込み寺＝縁切り寺は鎌倉の東慶寺と群馬の満徳寺（今は満徳寺資料館になっている）が有名ですが、共にかつては尼寺でした。寺側ではまず妻方の縁者を呼んで復縁するよう諭させ、どうしても承服できない場合にのみ離縁を成立させる方向で調停を行なったといいます。実際に寺側に受け入れてもらえるのはそれからで、そこで三年間（実質二年間）の修行を積めば、離婚を幕府に公認してもらえることになっていました。

駆け込みの件数は江戸に近い東慶寺のほうが多く、慶応二年（１８６６）には月に四名弱の駆け込みがあったということですが、大部分は寺の調停で内諾離婚となり、寺には入らずに済んでいます。とはいえ東慶寺だけで江戸後期の一五〇年間で二〇〇〇人を越える女性が駆け込んだであろうといわれています。

よく三行半《みくだりはん》の離縁状で、この時代の妻は離縁させられたといいますが、その内容は、もちろん夫から出すもので「我ら事情により離縁します。以降、再婚等は思いのままにどうぞ」というようなものがほとんどです。

この文面で重要なポイントは「再婚等思いのまま」という部分です。夫のメンツさえ立てた後はまったく自由で、何度でも再婚できました。江戸は相対的に女性の数が少なかったから、よほどイヤな性格でない限りは大切にされたのです。

だから、夫と別れたいと思う女性はむしろ離縁状を欲しがりました。ただし、離縁が成立しないうちに不倫などすれば、厳しく罰せられたといいます。

当時の離縁状は多く残っていて、離縁の事情はさまざま。夫が悪い場合も、妻が悪い場合も、嫁姑の仲が原因の場合もあります。ただ、今いわれるように女性の地位が低かったとは、一概にはいえないようです。もともと嫁は実家との縁が深く、嫁入り時に持ち込んだ財産などは保証されており、子が出来れば別ですが、夫は嫁の財産に手を付けて

北斎漫画より

はいけないことになっていました。

さて、どうしても夫が離縁状を書かない場合の最後の手段として、妻は縁切り寺に駆け込んだようです。当然、いくら取りつくろったとしても、妻に逃げられたとなれば、夫としては体裁が悪かったのは言うまでもありません。

＊参考：ＮＨＫ知るを楽しむ・歴史に好奇心「江戸の色恋ものがたり」田中優子（２００８）

★★★★★★★★★★ 縁切りの技術10――親子

縁切りで、いちばん難しいのが、この「親子」です。夫婦はもともと「他人」ですが、親子は血でつながっています。「結婚」「独立」や「家出」「勘当」など、実際上、離れてしまうにしても、戸籍上で親子である関係は、法的には切ることが出来ないからです。それだけ悩みも深くなります。

ケース① 家を出ない息子

熟年夫婦です。育てた二人の子どもは、どちらも成人しています。

長男は独立して家庭を持っていますが、次男がいつまでたっても我が家で同居のままです。

学生時代の学業も、そして容姿も並だと感じますが、もう中年にもかかわらず女性との交際経験はない様子。最近「いいかげん出ていってほしい」「そろそろ『お母さん』を休ませてほしい」と切実に感じています。

次男は高収入とはいえませんが会社勤めをしていますし、毎月の生活費も徴収していませんので、独立資金がないとは考えられません。

これまで知り合いのつてを頼って軽いお見合いもさせてはみましたが、二度断られてからは、婚活の話すら露骨に嫌がるようになりました。

夫と同じで家事は一切やらず、させようとしたら不満・文句を嵐のごとく浴びせてくるのに消耗して諦めました。もちろん介護など期待していません。

こんな考えをする私は母親として冷たいでしょうか。また実際どのように動けばいいのでしょうか。

ケース② 父からの生活支援要請

四〇代の会社員です。

私と三歳下の弟のもとに、役所から実父の生活支援要請の手紙が届きました。現在、父は生活保護受給者としてご厄介になっているようです。

かつて父は酒乱で、私たち兄弟は幼い頃から暴力をふるわれてきました。

私は高校卒業と同時に家を出て、ほどなく弟を呼び寄せて二人暮らしをしていた時期もあります。母は父に依存しきっていて、私たちを守ってくれたためしがなく、家を出る意思などまったくない人でした。

それ以来、兄弟そろって実家へは近づいていません。母が亡くなったのも後々まで知らなかったほどです。

今はどちらも家族を持ち、子どもたちはお互い中高生で、お金なんていくらあっても足りません。その上、あの父を助ける気なんて自分にあるのか？……と自問自答の日々です。法律で、親子の縁は切れないことは知っています。父が血税を使ってみんなに迷惑をかけているとも思います。子どもである私がなんとかすべきなのでしょうか。でも、父を恨みこそすれ助けようなどとは考えられないのです。悩んでいます。

ケース③　「これまで育てた金を返せ」と言う親

社会人二年目です。

私自身は周囲の友人と比べても普通に過ごしてきた子どもだったと思っていましたが、両親からは何かと「おまえにいくらかかってると思ってるんだ」「無駄使いしやがって」

と言われ続けてきました。

学校でちょっとしたトラブルがあるたびに「産まなきゃよかった。産んだお金を返して」とか「おまえに使ったお金は全部返してもらうからな」と必ず言われ、大学は、ほぼ有償の奨学金で通いました。

現在は就職し、実家から会社に通っています。

しかし「育てた費用を毎月返せ」と言われ、奨学金返済をのぞいて余ったお金はほとんどすべて親に渡してきました。

しかし私の窮状を見た同僚から「それはおかしい」と言われ、ようやく自分の家庭が普通ではないと知りました。

もう親にお金を払いたくありません。どうすればよいのでしょうか。

ケース④　実家への仕送りをやめたい

県立女子高を卒業して就職、今は社会人五年目です。三年前に転職して上京、実家を出て一人暮らしをしています。

実家には父母と弟がいます。皆、健在ですが、裕福ではなく「東京に出てからも家にお金を入れてくれ」と言われ、手取り二〇万円弱をどうにかやりくりして送金し続けてきました。

そうした中で先日、母から連絡があり、弟がアニメ声優養成の専門学校に入ったと聞きました。

私は高校卒業後、両親から「大学に入れるお金はないし、全額奨学金にしたとしても生活費が足りないから働いてくれ」と懇願され、その言葉に従ってきました。

ところが弟は、こう言っては何ですが、「しっかりしたものになる」とは思えない進学が許され、そして私はそんな家にまだお金を送らないといけないのか……と、ひどく苦しさと憤りに満ちた気持ちになっています。

しかし弟はすでに通学しており、家族の生活費として私からの送金を頼りにしているのは事実です。世間一般から見ても、ここで送金をやめたら私は冷たい娘であり、姉でしょう。

しかしもう無理をしてまで毎月お金を送る気持ちが、プツッと切れてしまった感じです。どう断ったものでしょうか。

お答え

親子の愛情は、決して永遠に湧き出る泉のようなものではありません。

基本的には、親は「子どもが成人するまで育てあげれば十分」、子どもは「きちんと独立して生きている姿を親に見せれば十分」なものではないでしょうか。

まず①のケースですが、お子さんは十分に独立して生きていけると考えられます。やむを得ず働けない明確な事情（未成年、病気、障害など）がある場合は別ですが、現状で親が退去を命じるのに、何の問題もありません。

合法的に家を出てもらう方法のひとつとして、「親と子で使用賃貸契約を交わす」方法があるそうです。家賃を決めた契約書を作り、払えないなら法的措置をとると通告しておく。そして払わなければ裁判所命令で強制執行を出してもらい、追い出すというロジックです。家賃は世間相場より高く設定しましょう。

さらに、最終的なウルトラ強硬手段としては、子どもが出ていかないなら、親が出てしまおうということで、家を売却するプランです。別に新居を用意しておいて少しずつ荷物は移動しておく。そして「夫婦で旅行してくる」とか言って家を出て、そのまま別居してしまう。新しい住所は長男にだけ知らせ、次男には知らせません。そして元の家は売りに出してしまうのです。

このあたりは、現実的なノウハウを含め、法律や不動産などの専門家によるアドバイスを仰いでください。

次に子どもから親との縁を切りたいという②のケースについては、法律的なことはともかく、現実的に「縁を切る」方法を探っていきましょう。

まずお父様が受給されている生活保護のことが気にかかるようですが、厚生労働省は「生活保護の申請は国民の権利です。生活保護を必要とする可能性はどなたにもあります」と明言しています。

ただし申請をすると、福祉事務所が申請者の親族に、「この人を援助できますか」と問い合わせる「扶養照会」を行ないます。

というのも、民法が「直系血族及び兄弟姉妹は、互いの扶養をする義務がある」と定めているからです。これだと相談者さんはお父様の面倒をみなければいけないということになりそうですね。でも法律には、その意味をめぐる「解釈」があって、それによると、実際に扶養義務があると考えられているのは「夫婦同士」と「未成年の子どもに対する親」だけなのだそうです。

つまり夫は妻を、あるいは妻は夫を、そして親は二〇歳未満の子を養わないといけませんよ、といっているわけです。それが出来ないとか、それに当てはまらない場合は生活保護を申請してください、ということなのでしょう。

それ以外、たとえばお悩みのケースのように、子どもが扶養照会に応じて親を養う義務があるのかというと、そうする余裕があるならやってほしいなあ、という程度なのが実情であり、ご相談者の場合、出来ないこと、しないことを気に病む必要はないでしょう。

ということで、実際の扶養照会は「家族に窮状が知られてしまう」という心理を突いたり、あるいは親族に援助してもらうことで保護申請を諦めさせる「水際作戦」でしかなく、あまり意味がないと考えつつやっている福祉事務所も多いようです。

ですから、扶養照会があっても、あなたが援助できない、したくないと思うなら、援助しなくて構いません。

さらに、現実的に縁を切っていく方法ですが、以下がポイントとなるでしょう。

（1）居場所を隠す……親の知らない場所へ引っ越しをする、住民票等の閲覧・交付の制限を設けてもらう

（2）連絡を絶つ……携帯電話の番号を変える、SNSなどのアカウントを変更する、職場を変える

住民票などの閲覧・交付に制限をかけてもらうには、当然ですが法的な手続きが必要です。また制限できる期間が決まっていたりしますので、詳しくは役所の担当者などに相談してみてください。

ケース③と④は少し似ています。

どちらのケースも、大変つらい思いをされていると思います。ご家族のことがきっと大好きなんですね。大切な家族の期待に応えてお金を入れ続けたのですから、もうすでに立派な親孝行をされたと思います。

しかしこれ以上は、もうやめにしましょう。さらに無理を重ねると、あなたが大切にしてきた家族に対し、きっと憎しみの感情が生まれてしまいます。

一般的な親というものからお話ししますと、普通の親は子どもに「お金を返せ」なんて言いませんし、考えもしません。なぜなら産んだのも育てたのも、すべては自分たち自身で決めたことだからです。親には「産んだ責任」がありますが、子どもに「生まれた責任」はありませんよ。

もしかすると、あなたのご両親はそうやってお金をやりとりする、あるいはあなたを困らせたり迷惑をかけたりすることでしかコミュニケーションの取れない人なのかもしれません。

しかしあなたは長年ご両親からそんな「教育」を受けていますから、すぐには割り切れないと思います。まず理論武装から始めましょうか。

育てた費用を返せ、ということは、あなたがご両親に借金をしていると言いたいわけですよね。真っ当な借金の話の場合、貸し手は「返済の約束があったこと」を証明しなければならないはずです。あなたの親に、そんなのありますか？

民法では、親は子どもを扶養するために経済的負担を負うのが「義務」と書いてあります。もしかしたらあなたは小さい頃、習い事などをしてもすぐに飽きたりして、お金を無駄にしたかもしれません。しかしそれは親が自分で判断して、自分で支払いを決めたこと。

子どもがそれを返さないといけないなんて、聞いたことがないですよ。

逆に、子どもが親を養うことについての「義務」はありません。それは親の「期待」でしかないのです。

はっきり言って、世間一般の基準から見ても、あなたを「冷たい子」だと感じる人がいるとは思えません。

さらにケース④の方の場合、東京では家賃やそのほかの生活費だって、決して安くはないでしょう。

この状況は客観的に見て、ある種の「美談」です。当たり前ではない、普通の人にはなかなか出来ないことだから美しいと言われるのです。

家族とは「こうしてあげたい」という気持ちで支えられることはあっても、それが出来ないからといって罪悪感で抑圧されるようなものではないはずです。あなたが実家へ送金するのは、余裕があってやることであって、無理を押してやることではないですよ。

あなたはあなたの人生を幸せに生きる権利があります。誰かの犠牲になるために生まれたわけではないのです。

ということで、結論は「無視しましょう」です。

具体的には音信不通。「でもあれが親なりのコミュニケーションだったのかも」と少し感傷的な気分になるようでしたら、それを親が改めた時点で返事する、くらいに考えましょう。

その後は、突然押しかけてこられても厄介ですから、合鍵を渡してはいけません。お家の鍵は替えておきましょう。こうした親は「何かあった時のために」と合鍵を預かろうとしますが、「何か」なんてまずありません。

もし押しかけてきたら警察に通報する。警察は「ご家族で話し合って」と言うでしょうが、許可なしの押しかけは犯罪です。ただ家族内のもめごとは面倒ですから、警察はあなたに折れてほしいのです。でも折れてはいけません。

なぜそうするかというと、そうした記録が残れば「接近禁止命令を出してもらう」「引っ越し後に戸籍の閲覧規制も掛けてもらう」といった、次の手段に向けた相談がしやすくなるからです。

最後に、ケース③の方は家を出るお金も算段しなくてはなりませんね。

まずご相談者はすでに就職しておられますが、「家から出る」ことを優先するなら、住み込みの仕事を探して、遠方への脱出を検討してください。

または今のお仕事のまま「新しく会社の積み立てに入らなきゃいけなくなった」などと誤魔化してお金の出入りを工夫し、貯金しましょう。

ご参考までに、家を出るために必要な費用を簡単にまとめておきます。

敷金一カ月・礼金一カ月・前家賃一カ月・不動産屋さんへの仲介手数料・火災保険を合わせると、初期費用として、一般的に家賃の四〜五カ月分が必要です。

つまり家賃三万円の安い家を探したとして、契約までに一五万円くらいは見積もっておきましょう。堂々と荷物を積み込んで引っ越しするのは難しそうですから、衣服などはトランクにつめて隠しておく。家具・家電は新たに一式揃えないといけません。よほど上手くやらない限り、最低一〇万円はかかると思ってください。

また転職の場合は翌月まで給料が入りませんから、最低でも一カ月分の食費・スマホなどの通信費・光熱費・その他トイレットペーパーや洗剤などの日用品代として五〜一〇万円くらいは確保しておく。

つまり、すべて合わせて最低四〇万円弱の貯金があれば、現在の状況から脱出するのは不可能ではありません。

そして、それより大切なのはあなた自身の「縁を切る！」という覚悟です。勇気を出して、新しい一歩を踏み出してください。

「縁が切れない」親子であってみれば、親から切るか子が切るかにかかわらず、とにかく離れること、連絡をとれなくすることが、実質的な「縁切り」になるということです。

温故知新　付録の一

全国の縁切りスポット厳選30

本文でも解説していますように、離縁にはＤＶ、不倫・浮気などだけでなく、会社・仕事・友人関係などの悪縁、自分で止めたいと思う酒タバコなどの悪習慣・悪癖や、病気・貧困などの逃れたい環境なども含まれます。さまざまな悪運を断ち切って下降または停滞から運気を上昇に乗せ逆転させるには、まずこれらの悪縁や悪運を断ち切るための第一歩を、勇気を持って踏み出すことが必要です。その決心を受容してくれるありがたい神社仏閣など、縁切りのご利益が高いと評判のスポットを、北海道から沖縄まで集めてみました。

■北海道・東北

北海道神宮　北海道札幌市中央区宮ヶ丘４７４

札幌駅より地下鉄東西線「円山公園駅」１番か３番出口より徒歩約15分

北海道神宮には「公園口鳥居」「第二鳥居」「第三鳥居」と三つの鳥居があり、くぐる鳥居によってご利益が異なるといわれています。このうちの「第二鳥居（離縁の鳥居とも呼ばれる）」をくぐり、表参道を通って本殿へ参拝。ちなみに第三鳥居は方位的に金運上昇のご利益があるといわれています。

恐山菩提寺　青森県むつ市田名部宇曽利山3—2

ＪＲ大湊線「下北駅」より下北交通バス「恐山線」で約45分

対人だけでなく、ギャンブル・酒・タバコなどの縁切りにもご利益があります。恐山には「生まれ変わり」の信仰があるので、ご利益も抜群です。ただし参拝できる期間は5月1日から10月31日の午後6時まで。

塩湯彦鶴ヶ池神社（塩湯彦神社）　秋田県横手市山内土渕字鶴ヶ池

ＪＲ北上線「相野々駅」から徒歩約11分

御嶽山山頂塩湯彦神社の里宮で、まるで公園のように美しい境内ですが、別れたくない人と訪れてはいけません。ご祭神の一柱、速玉之男命《はやたまのおのみこと》は伊弉諾尊《いざなぎのみこと》が伊弉冉尊《いざなみのみこと》に追われ黄泉の国から逃げる時に吐いた唾から生まれた神です。つまり離縁にご利益のある神様が祀られた神社なのです。

蝦蟇《がま》ヶ池辨天堂（達谷西光寺《たっこくせいこうじ》）　岩手県西磐井郡平泉町平泉字北澤16

ＪＲ東北本線「平泉駅」からタクシーで約10分

お堂への橋には「仲良き男女は別々にお参りください」との立て札があります。親切といえばそうなのだが、弁天さまが焼き餅を焼くのはよく知られたことで、何もここだけに限られたことではないと思いますが、カップルでお参りしないようにとの忠告です。参拝できるのは４月１日から11月23日までは午後５時まで、11月24日から３月31日までは午後４時30分まで。

雄島の渡月橋（別れ橋）　宮城県宮城郡松島町松島浪打浜24

ＪＲ仙石線「松島海岸駅」より徒歩６分

雄島は瑞巌寺奥の院ともいわれる霊地で、かつて僧侶や修験者が俗世と縁を切るために渡ったことから「悪縁を絶つ橋」といわれるようになりました。逆に縁結びをしたい時は五大堂に架かる「透かし橋（縁結び橋）」を渡ります。

橋場のばんば　福島県南会津郡檜枝岐《ひのえまた》村字居平

会津鉄道「会津高原尾瀬口駅」より会津バス「檜枝岐」行き乗車「前川橋前バス停」または「檜枝岐中央バス停」下車徒歩約２分。檜枝岐鎮守神社の参道に祀られています。冬季のバスは午前中の２本のみ

ばんばとは婆さまのこと。民族学的には姥神《うばがみ》、奪衣婆《だつえば》の類で子どもの守護神でもあります。像の前には二つの大きなハサミがある。新品の切れるハサミを供えると縁切り、錆び付いて切れなくなったハサミを供えるとよい縁が続くといわれています。さらに願いを強くするには、ばんばさまの頭にお椀を被せます。

■中部・北陸

新潟白山神社　新潟県新潟市中央区一番堀通町１—１

新潟駅よりタクシー約10分。ＪＲ越後線「白山駅」下車徒歩約15分。萬代橋ライン青山方面バス乗車「市役所前バス停」下車徒歩約１分

「はくさんさま」と呼ばれ親しまれています。水を司るという白山大神（菊理媛《くくりひめ》）が清らかな水で厄や災難を洗い流すといいます。その後、境内の大黒さま・くくり石・むすびの銀杏に祈願すれば、良縁に恵まれると女性に高い人気です。

縁切り地蔵（浄念寺本堂入り口）　長野県上田市中央5―9―38

JR、しなの鉄道、上田電鉄「上田駅」より徒歩約13分

浄念寺本堂の入口に鎮座する大きな石のお地蔵様。表情は穏やかで優しいけれど、男女・夫婦の悪縁切りのほか、浮気癖止めご利益の評判が高いお地蔵様です。転職の悩み、ブラック企業など仕事関係との離縁にもご利益があるといいます。

■関東・東海

門田《かどた》稲荷神社（下野國一社八幡宮）　栃木県足利市八幡町387

JR両毛線「足利駅」よりタクシー約10分、東武伊勢崎線「野州山辺駅」より徒歩約10分

日本三大縁切り稲荷の一つといわれています。かつては縁切りの願いが成就すると自分の髪を供えていたそうです。男女間の縁切り、病・酒・賭け事などからの縁切り、さまざ

まな災いからの縁切りにご利益があるといわれています。

縁切寺満徳寺遺跡公園（縁切寺満徳寺資料館）　群馬県太田市徳川町385―1

JR高崎線「深谷駅」よりタクシー約20分、東武鉄道「木崎駅」よりタクシー約10分、「世良田駅」より徒歩約35分、タクシー約10分（駅前に無料レンタサイクルあり）

満徳寺は徳川家康と縁の深いお寺でしたが現在は廃寺。しかし江戸時代には、後述する東慶寺と共に幕府公認の駆け込み寺でした。今は満徳寺遺跡公園となっていますが、当時の貴重な文化を伝える「資料館」には、（共に水を流すだけですが）「縁切厠《かわや》」と「縁結厠」があります。縁切り用と縁結びのお札（郵送可）もあります。

鴻《こう》神社境内稲荷社　埼玉県鴻巣市本宮町1―9

JR高崎線「鴻巣駅」東口より徒歩約8分

鴻神社はもともと縁結びと子授けで人気が高いところですが、境内社の「三狐稲荷」には縁切りのご利益

鴻神社・三狐稲荷

があるといいます。三狐とは天狐、地狐、人狐のことで、もともとは真言密教の考えに由来しています。社務所に特別祈願をお願いすれば、気合いと共に、つながった人形を切ってくれます。

大杉神社　茨城県稲敷市阿波958

JR成田線「佐原駅」より桜東バス江戸崎佐原線で「阿波バス停」下車徒歩約3分、同「下総神崎駅」「滑川駅」よりタクシーも可

「あんばさま」の名で親しまれている古社で、天狗信仰でも知られています。悪縁切りのお守りの一つとして「かわらけ（素焼きの小さな小皿）」があり、唱え言をしてこれを割ることによって心願が叶うといいます。自宅で割っても構わないけれど、欠片《かけら》は神社の齋庭《ゆにわ》に撒《ま》くことになっています。

縁切り榎　東京都板橋区本町18

地下鉄都営三田線「板橋本町駅」より徒歩約5分

かつて五十宮や和宮が徳川家へ降嫁の際、わざわざ榎の前を通らないよう1キロメート

ルも迂回したという逸話が残るほど、離縁の効果が絶大。もともとは榎の洞に第六天社が祀られていたのですが、いつの間にかこの榎自体が神木として信仰されるようになりました。現在はその三代目と四代目の若木ですが、病気・悪癖・男女間などに関する、あらゆる願いが書き込まれた絵馬の多さを見ても、願を掛ける人の多さが分かります。

叶稲荷（豊川稲荷・東京別院）　港区元赤坂1―4―7
地下鉄銀座線、丸ノ内線「赤坂見附駅」B出口より徒歩約5分、地下鉄半蔵門線、南北線、有楽町線「永田町駅」7番出口より徒歩約5分

赤坂豊川稲荷の境内にはさまざまな末社、神仏が祀られており、その中の「叶稲荷」は、あらゆる悪縁切り、禍事《まがごと》災難除けにご利益があることで有名です。その後「身替地蔵」にもお参りしておけば完璧。逆に「愛染明王」や神木の「椥《なぎ》の木」には、縁結びのご利益があります。

東慶寺（駆け込み寺）　神奈川県鎌倉市山ノ内1367
JR横須賀線「北鎌倉駅」より徒歩約4分

江戸時代には幕府の寺社奉行も承認する女人救済の縁切り寺として知られ、女性の離婚訴訟に関する家庭裁判所の役割も果たしていた由緒ある寺院です。江戸時代までは尼寺でしたが、明治以降の住職は男性。

神場山神社《じんばやま》　静岡県御殿場市神場1138―1

JR御殿場線「御殿場駅」よりタクシー役15分、神場南循環バス「神場中バス停」または「神場南公園前バス停」下車徒歩約13分

通称「やまがみさま」。こぢんまりした神社ですが、内には大小さまざまなハサミが奉納されています。そのハサミで悪縁をスッパリ切ろうというわけです。悪縁を切るには奉納されているハサミを一つ借りてきて枕の下に入れて寝る。ご利益があったら借りてきたものより大きなハサミを返す。いわゆる倍返しの一種です。ハサミが描かれた「厄切り」の絵馬もあります。

■近畿・関西

浄土寺地蔵笠石仏　滋賀県近江八幡市浄土寺町51―1

ＪＲ東海道線「近江八幡駅」北口より新巻行きバス「浄土寺バス停」下車、近江鉄道八日市線「平田駅」より徒歩約30分

通称「縁切り地蔵」。浄土寺天神社山道付近の杉古木の下にある石仏です。自然石に彫り込んだ形の仏像に笠を載せてあります。男女関係はもちろん、いろいろな人間関係、ギャンブル癖など、俗世の悪縁を断ち切ってくれるといわれています。

橋姫神社　京都府宇治市宇治蓮華46

ＪＲ奈良線「宇治駅」より徒歩約８分、京阪宇治線「宇治駅」より徒歩10分

自分を裏切った男を恨み、丑の刻参りをして鬼になったという橋姫は、今では宇治橋の守護神ですが、瀬織津媛《せおりつひめ》（祓戸大神の一神）という水神であるともいわれています。民家駐車場の脇に祀られており、驚くほど質素な神社ですが、彼と別れたいとか、ストーカーとの縁切りを密かに願う女性にとっては、かえってふさわしいかもしれません。

安井金比羅宮　京都府京都市東山区東大路松原上ル下弁天町70

「京都駅」より市バス２０６北大路バスターミナル行「東山安井バス停」下車徒歩約１分、

京阪本線「祇園四条駅」より徒歩約10分、阪急京都線「河原町駅」より徒歩約15分

境内に幅3メートルの「縁切り縁結び碑《いし》」が鎮座しており、祈願するには中央の穴をくぐります。まず手前から悪縁を切るよう願いながらくぐり、次に反対からくぐり直すと良縁に恵まれます。最後に願いを書いた形代のお札を貼るというシステムになっています。

鴫野《しぎの》神社（生國魂《いくくにたま》神社）　大阪府大阪市天王寺区生玉町13―9

地下鉄谷町線、千日前線「谷町九丁目駅」より徒歩約3分

鴫野神社は、良縁結びで人気の高い生國魂神社（通称「難波大社」「いくたまさん」）の末社の一つです。淀君に関係の深い弁天島から移されてきた「女性の守護神」として、良縁を結ぶ前に、まず悪縁を切ってくれるといいます。こうした理由から女性からの人気が高いのです。心に鍵がかかった絵馬が有名です（別項「オリジナル『縁切り絵馬』を作る」参照）。

円珠庵（鎌八幡）　大阪府大阪市天王寺区空清町4―2

JR環状線「玉造駅」、近鉄大阪線「大坂上本町駅」、地下鉄谷町線「谷町6丁目駅」より

徒歩約15分

悪縁を絶つ寺として有名。神木の榎があり、かつて真田幸村がこの木に鎌を打ち付け、鎌八幡大菩薩と称して念じたといいます。それ以降、多くの人が夥《おびただ》しい鎌を打ち付けて念じたということですが、さすがに今は禁止され、代わりに「違い鎌」の描かれた絵馬（別項同右）を供えます。門の内側は撮影禁止。

石切劔箭神社《いしきりつるぎや》　大阪府東大阪市東石切町1―1―1

近鉄奈良線「石切駅」より徒歩約15分、近鉄けいはんな線「新石切」駅より徒歩7分

生駒山の麓にあり、通称「いしきりさん」。どんな岩でも切り・刺し・貫くという剣と箭（矢）がご神体。また、でんぼ（腫れもの）やガン封じにご利益があるといわれています。つまりどんな難病とも縁が切れるというわけです。占い店が立ち並ぶ参道も味わい深いと好評です。

■中国・四国

最上稲荷《さいじょういなり》**（妙教寺）**　岡山県岡山市北区高松稲荷712

ＪＲ「岡山駅」から桃太郎線（吉備線）で「備中高松駅」よりタクシー約５分
日本三大稲荷の一つ。「縁切札」を入手し、七十七末社の「最正位離別天王」に祈願をします。その後「縁切撫で石」に願い事を念じ、時計回りに一周。「縁切撫で石」を撫で、「縁切札」を割って奉納所へ納めます。ちなみに、ここには「最正位縁引天王」もおられます。

田中神社（佐太神社）　島根県松江市鹿島町佐陀宮内73
ＪＲ山陰本線「松江駅」より一畑バス恵曇《えとも》方面行き「佐太神社前」下車
田中神社は、佐太神社の境外摂社（東へ約１００メートルの飛地）ですが、縁結びと縁切りの社が背中合わせになっています。佐太神社本殿に向かっている西社は木花開耶姫《このはなさくやひめ》を祀る縁結び・安産の神様。背を向けている東社は磐長姫《いわながひめ》を祀る縁切り・延命長寿の神様です。まず東社にお参りして、悪縁を切ってから西社にお参りします。参拝の順序を間違えないようにしてください。

白崎八幡宮　山口県岩国市今津町6―12―23
ＪＲ山陽本線「岩国駅」よりバス「八幡バス停」下車徒歩２分、ＪＲ岩徳線「西岩国駅」

より徒歩18分

当社では、縁切り祈願をする場合、まず「相手を呪ったり恨んだりしないこと」が求められます。また、「復縁成就祈願」もしてくれることが特徴です。遠くて参拝が出来ない方は「縁切り剣守り」をネットで購入することも可能です。

金刀毘羅宮　香川県仲多度郡琴平町892—1
JR土讃本線「琴平駅」より徒歩約20分

「讃岐のこんぴらさん」として親しまれていますが、地元では縁切りの神様としてもよく知られています。それは祭神の大物主神《おおものぬしのかみ》が悪縁を切ってくれる神様だからです。ここで祈願した後、「幸せの黄色いお守り」を入手すると良縁に恵まれるということです。

■九州・沖縄

野芥《のけ》縁切り地蔵　福岡県福岡市早良《さわら》区野芥4—21—34
地下鉄七隈線「野芥駅」より徒歩約15分、西鉄バス17野田・早良高校行「野芥三丁目バス停」下車徒歩4分他所《よそ》からこの地に嫁入りした娘が、破談になり自刃したという故事にちなんで建てられた地蔵さま。尊像の身体を削って、縁を切りたい相手に飲ませれば成就するといわれたため、像はほとんど原形を留めていません。今は男女が背中合わせになった絵馬（別項「オリジナル『縁切り絵馬』を作る」参照）を奉納します。絵馬は近くのサイクルショップで入手できます。

祐徳稲荷　佐賀県鹿島市古枝下古枝1855

ＪＲ長崎本線「肥前鹿島駅」よりタクシーまたはバス約10分

鎮西日光と呼ばれるほど美しい極彩色の本殿。一方、多くのメディアにも取り上げられるほど、縁切り神社として全国的に知られています。祈願はむろんですが、ここで入手できる「叶守り」は人気が高く、これを持ち歩いて悪縁切りを願う人も多いといいます。

宝来宝来《ほぎほぎ》神社　熊本県阿蘇郡南阿蘇村大字河陰2909―2

ＪＲ九州「熊本駅」より快速たかもり号乗車「木の香湯温泉入口バス停」下車、空港方面に戻り徒歩約15分こちらに祀られている「縁切り布袋様《ほてい》」のご利益は「悪縁切り」と「厄年封じ」です。「悪縁切り札」を奉納すると、「一日参りお祓いお焚き上げ祈願祭」で、毎月末の深夜にお札を焚き上げてくれます。ちなみに「縁結び宝来観音様」もおられます。

天久宮《あめく》　沖縄県那覇市泊3―19―3

沖縄都市モノレール線「美栄橋駅」より徒歩約17分

「あめくさま」の愛称で親しまれています。祭神は伊弉諾尊、速玉男尊、事解男尊《ことさかのおのみこと》ですが、弁財天も祀られ、泊ユイヤギ御嶽《うたき》（祭祀を行なう聖域）もあります。拝殿は鳥居をくぐっても探してしまうほど質素ですが、県内外からも人気がある神社で、琉球八社の中で最も縁切りのご利益があるといわれています。

温故知新　付録の二

復縁法とスポット15

◉復縁の心得

縁切りの本に、まさかの「復縁法と全国の復縁スポット」紹介ですが、まず、復縁は難しいことと覚悟してください。愛想が尽きた、愛想を尽かされた、または互いに散々嫌な思いをした、怒り心頭に発した……、その上で別れた仲を戻そうというのですから、恋愛よりはるかに成功率は低いと覚悟しなければなりません。一般に復縁の成功率は三割程度といわれています。

それでも別れた人ともう一度やり直したいと心底思われる方は、なんらかの行動を起こさなければなりません。ただし、その前にいくつかの覚悟が必要です。

以下、それを承知した上で行動してください。

1　冷却期間をおく

どちらが言いだしたかは関係なく、まず互いに冷静になるべきです。一般に最低二カ月間は必要とされます。専門家によるデータでは半年～二年後に復縁されたという例もありますから、焦りは禁物です。言い方は悪いですが、がっついては、かえって相手を幻滅させるだけです。その冷却期間を耐えられなかったり、なんとなくズルズルと成り行きで仲が復活した場合など、まず同じ過ちを繰り返すと思ってください。

2　自分を変える

自分に惚れ直させる——中世でも、すてきな歌や美しい筆跡（麗筆）で相手の心をつかむ話は数え切れないほどあります。一度別れた相手は、すでにあなたのことはすべて知っているはず。ですから今までに気付かれなかったあなたの魅力を磨き、アピールするべきです。もちろん容姿もある程度は大切ですが、外見だけ磨きをかけて惚れ直させてやる、などとは考えないことです。

3　自分から電話をしない

どうもこれは復縁を成功させる大事な法則らしいのです。どうしても必要な業務連絡的な用件はメールで済ませましょう。また、相手の誕生日など、軽い挨拶程度の気持ちを伝える程度でしたら、やはり簡潔なメールがいいでしょう。これは焦る自分の気持ちを抑え、冷静でいるために必要な試練です。相手から先に電話があればしめたものですが、決して有頂天にならないこと。

4　相手を責める気持ちを持たない

離縁はある意味、人生に於ける一つの失敗です。復縁を望むなら、なぜこうなったか、その原因を冷静に分析する必要があります。万一その原因が相手にあったとしても、そのことを絶対に責めてはいけません。また逆に自分の非が大きかったとしても、多かれ少なかれ原因は互いにあるのです。原因を知ることは大事でも、それを責め合い罵り合うようでは、結局同じ失敗が繰り返されるだけです。

◉復縁のまじない

それでも何かせずにはいられないあなたに、まずは別項「温故知新其の一」でご紹介した江戸時代の易本・呪詛本から「不和になった人間関係を修復する呪符」を一つだけご紹介しますので、これを書き写して携帯してください。寝る時に枕の下に入れておくのも効果が期待されるといわれます。ぜひお試しください。

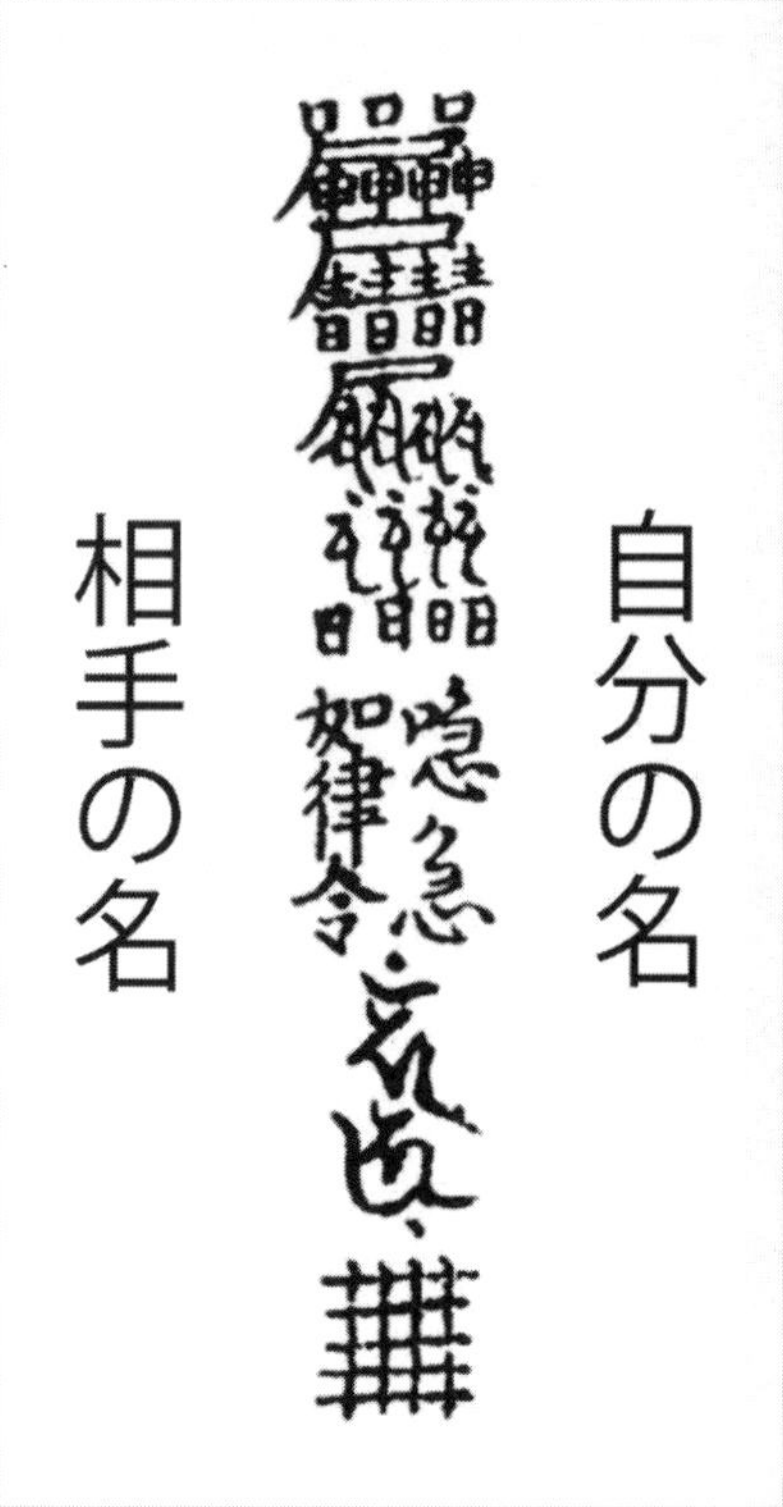

◉復縁の神さまと復縁スポット

まず、復縁の神さまは、縁結びの神さまと考えてよろしいと思います。

復縁の神さま、仲裁の神さまといえば、まずは白山神社の祭神、菊理《くくり》姫命《ひめのみこと》が有名です。

この姫を祭神とする神社は全国に二七〇〇～三〇〇〇社あるといわれています。あえて下記の神社を代表としてご紹介しますが、他の白山神社もご利益は同じですから、お近くの白山神社または菊理姫命が祭神の神社に詣でられるとよいでしょう。

菊理姫は伊弉諾命《いざなぎのみこと》と伊弉冉命《いざなみのみこと》が黄泉の国との境で激しく口論をしていた時、一瞬だけ姿を現し、伊弉諾命にひと言語りかけ、その後伊弉諾は菊理姫を褒め、立ち去ります。このように菊理姫が夫婦の喧嘩を収めたことから復縁、仲介、縁結びの神と見られるようになったのです。

白山三所神像（白山比咩神社蔵）

白山神社の総本社は石川県白山市三宮町二105―1の「白山《しらやま》比咩《ひめ》神社」で通称「しらやまさん」と呼ばれて親しまれています。祭神は白山比咩＝菊理姫、伊弉諾命、伊弉冉命です。

北陸鉄道石川線「鶴来駅」

より徒歩20分ですが、ＪＲ西日本北陸本線「金沢駅」と「松任駅」からもバスが出ています。北陸鉄道「恋のしらやまさん切符」は乗車券、奉納恋文、辻占い券、和菓子券がセットになっていますが、年末年始は販売していません。

白山山頂（２７０２ｍ）の御前峰には奥宮も鎮座していますが、こちらに参拝するには登山用の身支度が必要です。

以下、白山神社以外の、復縁の御利益があるといわれる寺社を地域ごとにご紹介します。

●北海道・東北

西野神社　北海道札幌市西区平和1条3丁目1―1

札幌駅より地下鉄東西線「発寒南駅《はっさむみなみ》」より徒歩約46分、車28分、バスの場合はＪＲ北海道バス「平和の滝入口」行き「平和1条3丁目五天山園前バス停」下車徒歩1分

豊玉姫命《とよたまひめのみこと》・鵜草葺不合命《うがやふきあえずのみこと》・誉田別命《ほんだわけのみこと》を祀る神社。札幌観光協会おススメのパワースポットに認定されています。特に主祭神の豊玉姫命は、縁結び・安産・育児の神として、女

性に人気。境内左側の参道にある「槐の木《えんじゅ》」を撫でるとご利益があるといわれています。

蕪嶋《かぶしま》神社　青森県八戸《はちのへ》市大字鮫町字鮫56―2

JR八戸線「鮫《さめ》駅」から徒歩約15分、または種差海岸遊覧バスうみねこ号「蕪島海浜公園」下車。JR東北新幹線「八戸駅」からタクシー約25分

拝観時間は午前九時半から午後四時まで。祭神は市杵嶋姫命《いちきしまひめのみこと》で弁天様と同じ神さまと見られています。島はウミネコの繁殖地として有名です。周囲800メートルほどの、この島を三周するとご利益があるといわれています。

南湖《なんこ》神社　福島県白河市菅生館2

JR東北本線「白河駅」よりタクシーで約5分、市内循環バス「こみねっと」で「南湖東口」バス停下車徒歩5分

大正一一年創建の新しい神社で、白河藩主だった名君・松平定信公（白河楽翁公・守国大明神）を祭神として祀っている復縁神社です。楽翁公が白河在住の男性と会津の女性を引き合わせて縁を取り持ったということから、名高い「縁結びの神」となりました。当社

創建の折には、松平定信公の熱心な崇敬者として知られる渋沢栄一が多大な協賛をしたということです。

●中部・関東

戸隠神社（火之御子社《ひのみこ》）　長野県長野市戸隠3506

JR東日本「長野駅」よりバス「宝光社前バス停」下車徒歩10分

戸隠神社は奥社・中社・宝光社・九頭龍社・火之御子社の五社からなりますが、そのうちの火之御子社には舞楽芸能の神、開運の神である天鈿女命《あめのうずめのみこと》を祀っています。

境内には樹齢五〇〇年の「結びの杉（二本杉）」と、有名な西行桜があり、人気を集めています。

戸隠神社・火之御子社

藍染神社（縁結び大社）　千葉県東金市山田1210
JR「大網駅」から車で8分、JR「千葉駅」または「東金駅」からバス「山田台」バス停下車徒歩2分

ここでは境内社をめぐる「恋の願掛けめぐり」をおすすめしています。その順番は、縁のともしび・大国主命→悪縁切りの神・吉祥天→縁開きの神・素戔嗚尊《すさのおのみこと》→縁運向上の神・奇稲田姫命《くしいなだひめのみこと》→円満和合の神・円満道祖神→幸福の神・山王さま（大山咋神）→愛染堂（愛染明王神）ということになっています。直接お詣りできない方のためには、インターネットによる「欠席祈願申し込みフォーム」もあります。

伊豆山神社　静岡県熱海市伊豆山上野地708—1
JR東日本「熱海駅」からバス「伊豆山神社前」下車徒歩7分

その昔、源頼朝と北条政子が逢瀬を重ねた神社。二人は周囲の猛反対を押し切って結ばれました。したがって良縁成就と縁結びにご利益があることが知られています。境内には二人が腰掛けたといわれる「腰掛石」、手水《ちょうず》の二頭の縁結び龍、二人が初めて出会ったと

いわれる神社から歩いて10分ほどの「逢初橋《あいぞめばし》」などが人気。また、ご神木の梛《なぎ》の木の葉は葉脈が縦に並んでいますが、縦にひいてもなかなか切れず、離れにくい強い縁を象徴しています。

●関西・中国・四国

地主《じしゅ》神社　京都府京都市東山区清水1丁目3―7
京阪「清水五条駅」より徒歩30分、JR・近鉄「京都駅」からバス（86、１００、２０６系統「五条坂バス停」下車徒歩15分

縁結びの神として若いカップルから修学旅行の中高生にも人気の高い神社。祭神は大国主命、素戔嗚命、奇稲田姫命、奇稲田姫命の父母神である足摩乳命《あしなずちのみこと》と手摩乳命《てなずちのみこと》。境内の「恋占いの石」は原子物理学者による科学的な年代測定で、縄文時代のものであることが判明しています。つまりそれだけ歴史のある神社といえます。

華厳寺（鈴虫寺）　京都市西京区松室地家町31
阪急嵐山線「松尾大社」駅下車徒歩約15分、京都バス（73、83）「鈴虫寺」行き終点下車

徒歩2分
どんな願いでも一つだけ叶えてくれる、つまり一願成就の草鞋《わらじ》を履いた幸福地蔵が有名で人気も高い。もちろん恋愛関係の願いも叶い、その確率は関西一との高い評判です。ただし、祈願する場合は相手の名を明確にして祈ること。僧侶による参拝者への茶菓のもてなしと鈴虫説法なども有名です。

大神神社《おおみわ》　奈良県桜井市三輪1422
ＪＲ桜井線（万葉もほろば線）「三輪駅」より徒歩5分、ＪＲ桜井線・近鉄大阪線「桜井駅」よりバス「大神神社二の鳥居前」下車
ご神体は三輪山そのもので、大物主大神《おおものぬしのおおかみ》がお山に鎮まっておられるために、古来、本殿は設けずに拝殿の奥にある三ツ鳥居を通して三輪山を拝するという、原初の神祀りの様を伝える我が国最古の神社です。参道の「夫婦岩」やお守りには強力なご利益があるといわれています。

おのころ（自凝）島神社　兵庫県南あわじ市榎列下幡多415

JR西日本「三宮駅」より高速バス（70分）「榎列バス停」下車徒歩10分

縁結びのパワースポットとして有名な当社は伊弉諾命、伊弉冉命を主祭神とし、菊理媛命を合祀しています。おのころ島神社が鎮座する丘が両神による国産み・神産みの舞台となった自凝島であると伝えられており、縁結びや安産などのご利益があるといわれています。鶺鴒《せきれい》石や夫婦松にも参拝しましょう。

冠纓《かんえい》神社（かむろ神社）　香川県高松市香南町由佐1413

JR四国「高松駅」からタクシーで30分、ことでんバス「高松空港」行き「香南支所バス停」下車徒歩2分

拝殿の左右にある龍王神社と清明神社の奥には「恋愛成就の男石と女石」があり、参拝方法が書かれた案内板が建っています。この男石・女石は、ご利益の強い恋愛パワースポットといわれ、復縁祈願の際は、ぜひ立ち寄ってみてください。また、縁結びの神さま「龍王神社」や日本一の夫婦大獅子も人気です。

●九州

恋木《こいのき》神社　福岡県筑後市大字水田62―1

ＪＲ鹿児島本線「羽犬塚駅」より車５分、徒歩20分、西鉄バス羽犬塚線「水田天満宮恋木神社前」下車

かつて太宰府に左遷された菅原道真公が、妻子を想う心を慰めようと祀られたと伝わりますが、今は「良縁幸福の神様」「恋の神様」として親しまれており、「恋みくじ」をはじめ「恋木絵馬」「ハート陶板守」「恋参道」「石灯籠」など、あらゆるものに恋木神社の御神紋であるハートが施されています。祭神は、全国で唯一「恋命《こいのみこと》」が祀られ、ご利益は、恋愛成就、良縁成就、結婚、夫婦円満などといわれています。当然、復縁にもご利益が期待されます。

阿蘇山本堂・西巖殿寺奥之院　熊本県阿蘇市黒川１１１４

ＪＲ九州豊肥本線「阿蘇駅」より産交バスの阿蘇火口線か阿蘇山ループシャトルで「阿蘇山上ターミナル（旧・阿蘇山西駅）」下車徒歩２分。二〇二一年一一月現在、阿蘇山噴火のため規制あり、現地に問い合わせてください

阿蘇山本堂・西巖殿寺奥之院は結婚・良縁成就のご利益があらたかだといわれます。古

くから阿蘇山は「縁結びの山」として信仰を集め、若い男女が春と秋の彼岸に阿蘇山の火口まで、良縁祈願のため登ったそうです。これはオンダケサンマイリといわれ、多くの男女がこれに参加して夫婦の契りを交わしたといわれています。奥之院は、阿蘇山ロープウェイ（廃止）の旧「阿蘇山西駅」（現在は「阿蘇山上ターミナル」）の近くに移されて足を運びやすくなっていましたが、現在は、その後の熊本地震からの復旧工事中で堂内は立ち入り禁止です。外からの参拝は可能ですが、確認されて出かけられたほうがいいでしょう。

阿蘇山火口

青島神社　宮崎県宮崎市青島2―13―1

ＪＲ九州日南線「青島駅」より徒歩10分

恋の島と呼ばれる青島神社は宮崎県の女子にとっては定番のパワースポットです。ここには山幸彦（彦火火出見命《ひこほほでみのみこと》）と豊玉姫の神話が残っています。まず「海積《わだつみ》の祓《はらい》」で復縁祈願をしましょう。紙の人形に名前と願い事を書き、水に浮かべて息を吹きかけるのだそうです。忘れずにチェックしたいのは神社の手前にある「幸せの黄色いポスト」。山幸彦と豊玉姫が恋文をやりとりしたといわれることから、縁結びのシンボルとして人気です。

全国縁切りスポット＆復縁スポットMAP

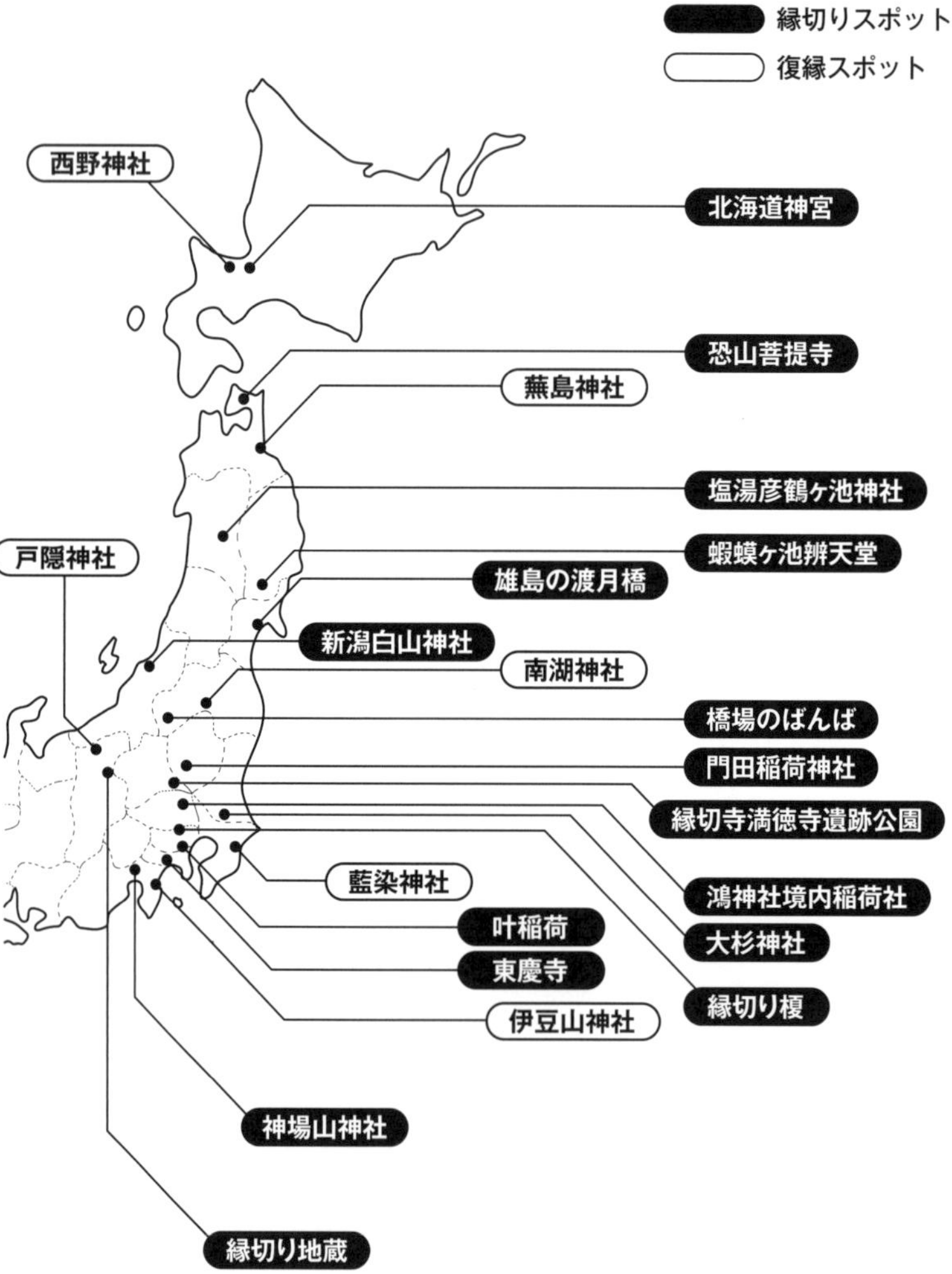

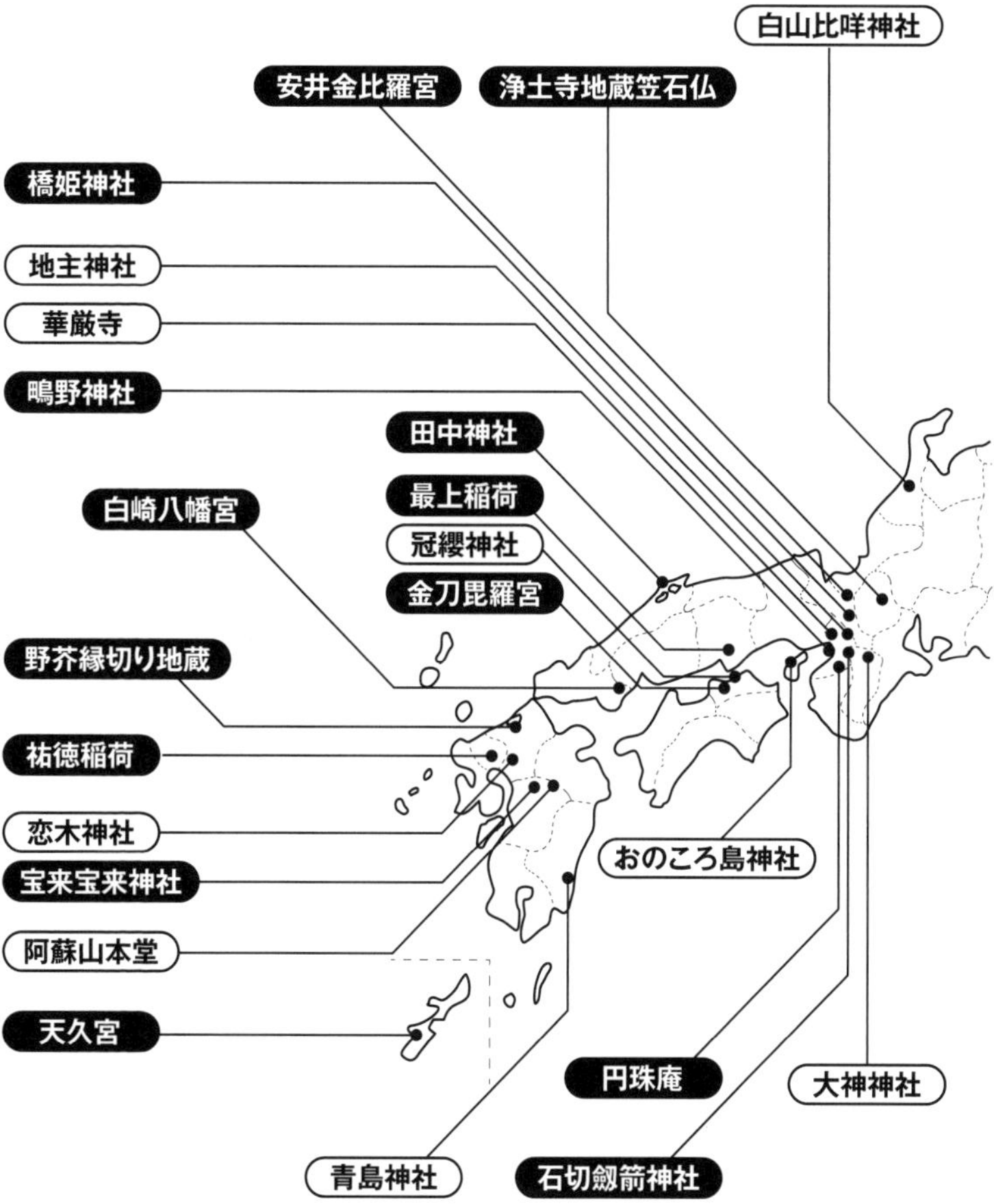
白山比咩神社
安井金比羅宮
浄土寺地蔵笠石仏
橋姫神社
地主神社
華厳寺
鳴野神社
田中神社
白崎八幡宮
最上稲荷
冠纓神社
金刀毘羅宮
野芥縁切り地蔵
祐徳稲荷
恋木神社
宝来宝来神社
おのころ島神社
阿蘇山本堂
天久宮
円珠庵
大神神社
青島神社
石切劔箭神社

▶著者紹介

川副秀樹（かわぞえ・ひでき）　「温故知新」担当

1949年東京生まれ。作家、民俗学研究者。民俗学・民族工芸や飯縄信仰、第六天信仰などの研究・取材を重ね、関係著書多数。「東京発掘散歩隊」を主催。神職体験もある。著書に『雑学 ご先祖様の知恵袋』（宝島社文庫）『絵解き・謎解き 日本の神仏』（彩流社）『縁結びの神さまをつくる』『「第六天」はなぜ消えたのか』、東京四部作（言視舎）ほか。

近藤隆己（こんどう・たかき）　「縁切りの技術」担当

1975年京都生まれ。ライター、学校講師。中高一貫校、専門学校などで文章創作に関する講師をつとめながら、ライターとして活動。著書に『世の光、地の塩』（ユーデック）『ネクスト私学』シリーズ（晃洋書房）『マンガうんちくサバイバル術』（KADOKAWA）『ジョン万次郎』（星湖舎）ほか。また多数の教育・ビジネス関連の記事執筆、社史制作に携わる。

23～25頁の縁切り用「霊符」５体と、P152復縁用の１体を言視舎ホームページ内にアップしました。
https://s-pn.jp/archives/3508

QRコードを読み取ると簡単にアクセス可能です。
「お札」はコピーしてお使いになることが出来ます。
（時間のある方は、ご自分でお書きになるのが基本です）

編集――――富永 虔一郎
装丁・組版――水谷 イタル
編集協力――田中 はるか

誰も教えてくれなかった
縁切りの知恵
温故知新 古代～江戸の秘法

発行日❖2021年11月30日　初版第１刷

著者
川副秀樹＋近藤隆己

発行者
杉山尚次

発行所
株式会社言視舎
東京都千代田区富士見2-2-2　〒102-0071
電話 03-3234-5997　FAX 03-3234-5957
https://www.s-pn.jp/

印刷・製本
モリモト印刷（株）

ISBN978-4-86565-210-9　C0036

▼川副秀樹の本

「第六天」はなぜ消えたのか　東京 謎の神社 探訪ガイド

「第（大）六天」は、江戸期に絶大な信仰を集めながら明治の廃仏毀釈のあおりで曖昧な存在になった謎の神さま。絶大な魔力が信仰を呼んだ「第六天」の歴史を解読。謎のまま祀られる「魔王」さまを徹底的に探索。写真、地図付。

978-4-86565-101-0　Ａ５判並製　定価2000円＋税

浅草と高尾山の不思議　東京を再発見する大人の旅

この組み合わせは新しい！　東京の東と西のパワースポット浅草と高尾山。外国人にも人気のこの２大「聖地＝観光地」は、なぜ人を引き寄せるのか？　対比することではじめて明らかになる「謎」めいた魅力の本質。古地図、写真多数。

978-4-86565-062-4　四六判並製　定価1600円＋税

笑う神さま図鑑

クスクス、にやり、ときどき残念……愉快な神さま大集合！　ヘンなところ、意外な側面、とほほな感じや、「愛される理由」「ひみつ」「残念な性格」を図版をまじえて解説。類書にはあまり登場しない神さまのエピソードを楽しむ本。

978-4-86565-148-5　四六判並製　定価1200円＋税

街の裸婦考　お嬢さん、なにゆえそこに？

裸婦像。その「お嬢さん」たちは、駅前、公園、公共施設にあられもない姿をさらしています。芸術なのにじっくり鑑賞できないっておかしくないでしょうか。この違和感の正体を探るべく謎解き散策してみましょう。カラー写真多数

978-4-86565-164-5 四六判並製　定価1600円＋税